입시의 알고리즘을 파헤쳐보자!

입시 언박싱

교육다움

머리말

대한민국의 학부모로서
입시 제도를 처음으로 마주하면 어떤 느낌일까?

거대한 미로이자 길을 알 수 없는 숲처럼 느껴질 것 같다. 아무리 알아도 끝이 없는 것 같고, 익숙해질 것 같으면 또 바뀌어서 새로 공부해야 한다. 겨우겨우 첫째 자녀를 대학에 보낸 경험이 있는 학부모도 둘째가 나이 터울이 좀 있거나 아예 다른 계열을 희망할 경우 다시 백지에서 시작하는 심정을 느끼기도 한다. 입시는 왜 이렇게 어렵고 헷갈릴까? 물론 일차적으로는 제도가 복잡하기 때문이다. 여기에 더해 교육 수요자인 학부모들이 비전문가 입장에서 개관조차 되지 않은 채 각종 정보들을 '알아서' 정리하고 이해해야 하기 때문일 것이다.

"자녀분은 교과보단 학종을 준비해야 하는데, 창체는 괜찮으나 세특이 부족합니다"라는 얘기를 들어도 그래서 수시·정시 중에 뭐가 좋다는 건지, 교과와 학종이 무슨 차이가 있는지, 학종이 왜 더 나은지, 창체와 세특은 무엇이며 학종과는 무슨 관련이 있는지부터 궁금할 수 있다.

그런데 이런 기초적인 내용부터 묻자니 괜히 자신만 모르는 것 같아 어디 가서 물어보기도 부끄럽다. 학부모 모임에서는 적당히 아는 척 고개를 끄덕이고 집에 돌아와 열심히 검색해보지만 그래도 뭔가 시원하지 않다. 그런 상태에서 나중에 학생을 데리고 상담을 하다보면 모르는 건 더 늘어나고, 알아봐야 할 건 많은데 어디부터 알아봐야 하는가 혼란스럽고, 여기저기서 들려오는 정보들은 난잡하게 쌓여만 간다.

입시를 설명해주는 각종 설명회와 콘텐츠가 있지만, 그것들을 이해하기 위해서는 기초 지식이 필요하다. 기초 지식이 없으면 의사결정은 커녕 정보를 이해하고 정리하는 것조차 어렵다. 그런데 많은 경우 입시설명회나 콘텐츠들은 사람들이 기초 지식 정도는 충분히 갖추고 있다는 전제로 내용을 풀어간다. 기초 지식을 일일이 짚고 넘어가기엔 더 핵심적으로 설명할 내용이 많기 때문에 어쩔 수 없는 측면도 있다.

그러나 이제 막 입시를 알아보기 시작한 학부모들은 이런 설명회에 참석하거나 콘텐츠를 접해도 충분히 이해와 정리가 되지 않으니 느낌표보다 물음표가 더 많아진다. 혼란스러운 상태에서 정리는 안 되니, 여기저기서 들리는 서로 다른 정보에 중심을 잡지 못하고 자꾸만 흔들리게 된다.

이 책은 그런 사람들을 위해 쓰였다. 입시에 대해 이제 공부하고 싶지만 '무엇부터 알아야 하는지'조차 막막한 사람들, 학교 선생님, 학원 선생님, 입시컨설팅 학원에서 상담을 받더라도 '무엇을 물어봐야 하는지'조차 막막한 사람들을 위한 책이다. 입시 제도에 대해 이미 충분히 알고 통달했다면 굳이 이 책이 필요 없을 수 있다. 그러나 입시 관련 각종 용어, 제도의 전체적인 구성 등 기본적인 지식과 큰 틀이 잡혀 있지 않다면 이 책을 읽으며 그려나가길 권한다. 이 책으로 모든 걸 알 수는 없지만, 적어도 '내가 더 궁금한 것, 찾아봐야 하는 것은 무엇인가'는 떠올릴 수 있을 것이다. 그러면 그 영역부터 시작해 탐색하고 정보를 쌓아가면 된다. 그게 바로 입시에서 자신만의 방향성을 설정하는 첫걸음이다.

그래서 이 책은 입시의 '정답'을 알려주는 책은 아니다. 학생마다 학교마다 상황과 환경이 다르기에 누구에게나 통하는 만병통치약 같은 정답은 없다고 생각한다. 하지만 각 학생에게 필요한 '해답'은 있다고 생각한다. 그 해답을 찾아가기 위한 여정에 필요한 배낭을 매어주는 책이다. 해답을 찾는 과정에서 당연히 학교·학원 등의 도움을 받겠지만, 교육 수요자이자 의사결정자인 학부모와 학생이 제대로 알고 질문할 수 있어야 그 도움의 기회를 십분 활용할 수 있다.

안 그래도 입시 제도는 계속 바뀌지만, 마침 2022개정 교육과정 및 2028학년도 대입제도 개편과 같은 주요 이슈가 맞물린 시기인 만큼 이 책에도 최대한 최신 정보를 담기 위해 노력했다. 각 챕터별로 중요한 내용을 잘 파악했는지 스스로 점검해볼 수 있도록 약간의 문제도 첨부했다. 자녀를 위해 대한민국 입시제도라는 미궁에 다시 한 번 뛰어들게 된 학부모들에게 이 책이 조금이라도 유용한 길잡이가 되기를 바란다.

목차

머리말 2

★★★
**1장
학교생활기록부
언박싱**

학교생활기록부 구조 이해 14

인적·학적사항

출결사항

수상경력

자격증 및 인증 취득사항

창의적 체험활동상황

교과학습발달사항

독서활동상황

행동특성 및 종합의견

학교폭력 조치사항 관리

학생부와 교과/비교과 34

학생부 교과 영역을 위한 팁 40
과목 선택은 희망분야(계열)와 관련 있게
단위수에 따른 내신 계산 유불리
중간고사 성적표 보고 자신의 구간 확인하기

TEST 문제 48

2장
수능 제도 파악하기

시험 일정과 출제 기관 54

출제 영역과 과목, 배점 구성 56
대입전형 기본사항/시행계획 일정
(1) 2028학년도 이전
(2) 2028학년도 이후

성적 체계 70
교육청 모의고사
평가원 모의고사, 수능

TEST 문제 78

3장
수시, 알고 보면 패턴이 있다

수시의 3종류 : 학생부, 논술, 실기/실적 ············ 84
학생부 위주
논술 위주
실기/실적 위주

수시에서 알아야 할 사항 ············ 96
최저학력기준
지원 횟수 제한
자기소개서 폐지, 학생부 반영 범위 축소

고등학교 종류와 수시 전형 ············ 110
일반고
특목고·영재고
특성화고
자율고

TEST 문제 ············ 118

4장
정시, 간단한 룰과 복잡한 눈치싸움

정시 제도 개요 124

군별 지원 제도 127

성적 반영 방법 130
표준점수
표준점수 + 변환표준점수
백분위
등급

TEST 문제 138

5장
고입, 사실은 더 급한 문제

고등학교 종류 145
일반고
특목고
특성화고
자율고
영재고

고등학교 입시 체계 165
전기고
후기고

입시 절차 172
일반고, 자공고
예술고, 체육고
특성화고, 마이스터고
외고, 국제고, 과학고, 자사고 : 자기주도학습전형

일반고 vs 특목·자사고 184

학종, 피할 수 없는 흐름 192

TEST 문제 196

6장
다들 어디서 정보를 찾는 거야?

정보를 얻을 수 있는 유용한 경로 ············ 202

교육부
한국대학교육협의회
한국전문대학교육협의회
대학별 입학처
대입정보포털 '어디가'
시·도교육청 진로진학지원(정보)센터
고입정보포털
특성화고·마이스터고 정보 포털 '하이파이브'
시·도교육청 취업지원센터
학교알리미
고등학교 홈페이지

〉 **정답 및 해설** ············ 206

1장
학교생활기록부 언박싱

학교생활기록부 구조 이해

✳

　학교생활기록부는 학생의 기본 정보와 학교생활을 하면서 학습하고 활동한 내역을 기록하는 법적 서류로서, 초·중·고등학교 모두에서 작성한다. 줄여서 학생부, 생기부라고 부르기도 한다. 엄밀히 말하면 학생부는 '학교생활기록부(학교생활기록부Ⅰ)'와 '학교생활세부사항기록부(학교생활기록부Ⅱ)'로 나눌 수 있는데, 대입에서 사용되며 우리가 흔히 생각하는 학생부는 후자를 의미한다. 전자는 후자에서 일부 내용이 빠진 형태일 뿐 입력 양식은 동일하기에 굳이 구분할 필요는 없다. 고등학교 학생부는 대입 수시 전형에서 매우 중요한 자료로 사용되며 학생부 관리가 수시 준비의 거의 대부분을 차지한다고 볼 수 있다.

① 인적·학적사항
② 출결상황
③ 수상경력
④ 자격증 및 인증 취득상황
⑤ 창의적 체험활동상황
⑥ 교과학습발달상황
⑦ 독서활동상황
⑧ 행동특성 및 종합의견
⑨ 학교폭력 조치사항 관리

여기서는 학생부가 어떻게 구성되어 있는지 고등학교 기준으로 소개하고, 그중 대입 관점에서 중요한 항목들을 중심으로 살펴본다.

① 인적·학적사항

학생의 개인정보와 학적사항이 기록된다. 대학에 정보가 넘어갈 때는 특정 개인을 식별할 수 있는 정보는 가려진다.

② 출결상황

학년별 수업일수, 결석일수 및 특기사항이 기록된다. 지각, 조퇴, 결과, 결석 등이 기록된다. 당연하지만 지각, 조퇴, 결과, 결석이 많이 기록되면 학생의 서류를 검토할 때 성실성에 대한 의문이 제기될 수 있으므로 출결을 잘 관리해야 한다.

출결상황을 정량적으로 계산 시 보통 지각, 조퇴, 결과는 3회 당 결석 1회로 계산된다. 또한 지각, 조퇴, 결과, 결석은 사유에 따라 각각 질병·미인정·기타로 나누어 기록되는데 이중에서 가장 치명적인 경우는 '미인정'이다. 흔히 알고 있는 체험학습이나 경조사 등은 소정의 서류와 절차를 통해 상황이 증빙된 것이기 때문에 인정 결석으로 처리되어 학생부에 따로 기록되지 않는다. '질병'의 경우 너무 많으면 이를 소명할 필요가 생기기도 하지만 존재만으로 무조건 악영향이라고 보긴 어렵고, '기타'는 매우 특수한 경우에 해당한다.

그러나 '미인정'은 좋게 말해 미인정이지 사실상 속뜻은 '무단'이나 다름없다. 인정, 질병, 기타 등 다른 어떤 사유로도 소명되고 분류되지 않은 것이기에 성실성 판단에 치명적인 영향을 미친다. 미인정 결석이 대입에 미치는 영향력을 알기에 학교 선생님들도 학생을 위해 웬만해서는 미인정 결석을 학생부에 입력하고 싶지 않을 것이다. 그럼에도 불구하고 미인정 결석이 입력된다면, 학생부종합전형 기준 최소 인서울은 사실상 어렵다고 봐야 한다.

대입에서 학생부로 경쟁을 할 때 출결상황은 깨끗하게 깔고 들어가는 것이 기본이다. 그렇기에 출발선이나 다름없는 출결상황에서 결코 문제가 생기지 않도록 성실함을 유지해야 한다.

③ 수상경력

학생이 수상한 상의 내역이 기록된다. 2011학년도부터 초·중·고등학교 모두 교내에서 수상한 것만 입력할 수 있으며 교외 활동으로 받은 상은 기록할 수 없다. 또한 교내상에 대한 내용은 창의적 체험활동상황, 교과학습발달상황 등 다른 항목에도 입력할 수 없어 우회적인 기록이 차단된다. 과거에는 교외상도 폭넓게 기록할 수 있었으나 사교육 유발 요소를 줄이겠다는 교육부의 방침에 따라 기록 범위가 크게 제한되었다.

게다가 2024학년도부터는 수상경력을 대입에 미반영하도록 바뀌어서 그 중요성이 크게 줄어들었다. 따라서 교내 대회에 참여하고 싶다면 공지를 잘 살펴보되 수상에 너무 연연하지 않는 것이 좋다. 괜히 많은 대회에 참가하려고 준비하다가 학업에 지장이 생긴다면 오히려 본말전도가 되니 주의해야 한다. 그보다는 자신이 희망하거나 관심 있는 분야의 탐구 활동에 간접적인 도움을 받을 수 있다 싶을 때 경험 삼아 참여해보면 좋다.

④ 자격증 및 인증 취득상황

재학 중에 취득한 각종 자격증이 기록된다. 과거에는 인문계 고등학교 학생들이 각종 대외활동의 인증 내역, 공인 어학 시험 성적 등을 적을 수 있는 곳이었다. 그러나 2011년부터 사교육 유발 요소를 줄이기 위해 각종 인증 취득사항은 입력할 수 없게 되었으며 현재는 대입에도 반영되지 않는다. 결국 국가기술자격증, 국가자격증, 국가공인 민간자격증 등만 입력할 수 있으므로 사실상 자격증과 기술을 쌓는 것이 교내 활동의 주 목적인 특성화고에서 많이 기록되는 영역이 되었다 할 수 있다.

⑤ 창의적 체험활동상황

교과 수업 시간과는 구분되는 '창의적 체험활동' 시간에 활동했던 내용들이 기록된다. 줄여서 창체라고 부른다. 창체는 자율활동, 동아리활동, 봉사활동, 진로활동의 4가지로 분류되어 기록된다. 창체도 사교육 영향 줄이기의 일환으로 학교 내 또는 승인된 교육기관에서 주최하거나 진행된 활동에 한하여 기록할 수 있다.

학년	❶ 창의적 체험활동상황		
	영역	❷ 시간	❸ 특기사항
	❹ 자율·자치활동 (2-3학년은 자율활동)		
	❺ 동아리활동	(자율동아리)	
	❻ 진로활동	희망분야	※ 상급학교 미제공

학년	❼ 봉사활동 실적				
	일자 또는 기간	장소 또는 주관기관명	활동 내용	시간	누계시간

(출처: 교육부, 「2025학년도 학교생활기록부 기재요령」)

2024학년도부터 창체 기록 방침이 이전보다 더 축소되는 형태로 바뀌었다. 자율활동은 연간 500자, 동아리활동은 연간 500자까지 입력할 수 있으며 자율동아리는 대입에 반영하지 않는다. 또한 소논문 내용은 기재할 수 없으며 청소년 단체활동을 했을 경우 단체명을 적지 않는다. 진로활동은 연간 700자까지 입력할 수 있으며 진로 희망 분야는 적더라도 대입에 반영하지 않는다. 봉사활동은 교내·외에서 진행한 실적을 모두 기재할 수 있으나 특기사항은 기재하지 않고 개인적으로 진행한 실적은 대입에 반영되지 않는다.

한편 2022개정 교육과정이 적용됨에 따라 2025년 기준 고1 학생들부터는 창체 기록 방식도 일부 바뀌었다. 먼저 '자율활동'이 '자율·자치활동'이라는 이름으로 바뀌었다. 또 봉사활동을 자율·자치활동, 동아리활동 또는 진로활동과 연계하여 진행했을 경우 봉사활동의 특기사항을 연계된 영역 칸에 적을 수 있다. 다만 이때 봉사활동 칸에는 실제로 봉사활동을 했던 시간만 입력된다. 예를 들어 동아리 활동으로 환경보호 관련 프로젝트를 총 3시간 진행했다고 하자. 그 과정에서 회의 및 탐구활동 2시간, 실제 캠페인 활동 1시간을 했다면 봉사활동 칸에는 캠페인 활동을 한 1시간만 입력된다는 뜻이다. 덧붙여 기존과 마찬가지로 다른 영역과 연계되지 않은 봉사활동은 특기사항을 적을 수 없으며, 개인적으로 진행한 실적은 봉사활동 시수에 입력되더라도 대입에 반영되지 않는다.

그렇다면 창체는 대입에서 어떤 의미를 가질까? 수시 학생부종합전형을 기준으로, 내신 성적과 세부능력 및 특기사항(약칭 '세특') 다음으로 중요하다. 뒤에서 더 자세히 설명하겠지만 세특은 교과 수업 시간에 진행되거나 교과 수업과 연관된 탐구활동 내용만을 적을 수 있다. 그러나 창의적 체험활동 시간은 교과 수업과 구분된 별도의 활동 시간이기 때문에, 학교에서 계획한 다양한 활동에 참여하거나 스스로 기획한 탐구활동을 진행하고 그 내용을 적을 수 있다. 교과 내용과 연관성이 적어 세특에 적기 어려운 탐구 활동 주제와 내용의 경우 자율(·자치)활동이나 진로활동과 연결시켜 적을 수 있고, 동아리를 통해 다른 학생들과 함께 프로젝트를 진행할 경우 동아리활동에 적을 수 있어 유용하다.

세특은 그 취지상 해당 교과 관련 역량을 평가하기 위한 내용에 초점을 맞춰야 하지만 창체는 적을 수 있는 내용의 폭이 비교적 넓기 때문에 보다 다양한 내용을 담을 수 있다. 그래서 창체를 활용해 학생이 희망 분야에 관심을 갖게 된 계기, 다양한 호기심과 탐구 역량 등을 드러낼 수 있다. 또한 고교학점제 시행 이후 (2025년 고1 이하 기준) 학기 단위로 활동이 마무리되는 교과와 달리, 창체는 연간 단위로 입력되기 때문에 보다 긴 호흡으로 진행하려는 탐구 활동이나 프로젝트를 다루기에도 좋다.

⑥ 교과학습발달상황

내신과 관련된 모든 내용이 기록되는 곳이다. 학생부(교과)뿐만 아니라 학생부(종합) 전형에서도 중요하게 보는 곳이기 때문에 수시 서류 검토의 핵심이 된다. 교과학습발달상황은 크게 두 부분으로 나뉘는데, 하나는 과목별 성적이고 다른 하나는 세부능력 및 특기사항이다.

먼저 과목별 성적은 2015개정 교육과정 상에서의 표기 방식과 올해 고1부터 새로 적용된 2022개정 교육과정 상에서의 표기 방식이 다르다. 우선은 기존의 2015개정 기준 표기 방식을 살펴보고 이후 어떻게 바뀌었는지 비교해보겠다. 기존의 과목별 성적은 학년 및 학기별로 이수한 과목들의 교과명, 과목명, 단위수, 원점수와 과목평균 및 표준편차, 성취도와 수강자 수, 석차등급이 기록된다. 대략적인 예시는 다음과 같다.

학기	교과	과목	단위수	원점수/과목평균 (표준편차)	성취도 (수강자수)	석차등급
1	국어	언어와매체	4	80/81.2(6.8)	B(100)	5
	수학	수학I	5	75/69.3(8.5)	C(200)	4

위 예시에서 '교과'는 과목의 대분류를 의미하며 '단위수'는 주당 수

업시간 수를 의미한다. 2022개정 교육과정 하에서는 '단위수'가 '학점수'로 바뀌는데, 의미는 크게 다르지 않다. '성취도'는 절대평가로 이루어지는 성취율에 따른 등급을 의미하며 '석차등급'은 상대평가로 이루어지는 석차 비율에 따른 등급을 의미한다. 성취도와 석차등급의 구분 기준은 다음과 같다.

< 성취율 구분 기준 - 공통 과목, 일반 선택 과목(기초/탐구/생활·교양) >

성취율	성취도
90% 이상	A
80% 이상 ~ 90% 미만	B
70% 이상 ~ 80% 미만	C
60% 이상 ~ 70% 미만	D
60% 미만	E

< 석차등급 구분 기준 - 공통 과목, 일반 선택 과목(기초/탐구/생활·교양) >

석차등급	석차누적비율	구간 크기
1등급	~4% 이하	4%
2등급	4% 초과 ~ 11% 이하	7%
3등급	11% 초과 ~ 23% 이하	12%
4등급	23% 초과 ~ 40% 이하	17%
5등급	40% 초과 ~ 60% 이하	20%
6등급	60% 초과 ~ 77% 이하	17%
7등급	77% 초과 ~ 89% 이하	12%
8등급	89% 초과 ~ 96% 이하	7%
9등급	96% 초과 ~ 100% 이하	4%

그런데 교과 구분상 일반 선택 과목 중 체육·예술에 해당하거나 진로 선택 과목인 경우에는 석차등급을 계산하지 않고, 성취도도 3단계로만 나누어서 계산한다. 표준편차도 기재하지 않는 대신 성취도별 분포 비율을 기재한다. 상대평가를 적용하지 않고 절대평가 기준도 완화함으로써 평가에 대한 부담을 줄이고 과목 선택의 자율성을 좀 더 보장하기 위해서이다. 위 과목들의 성취도 구분 기준은 다음과 같다.

< 성취율 구분 기준 - 일반 선택 과목(체육·예술), 진로 선택 과목 >

성취율	성취도
80% 이상 ~ 100%	A
60% 이상 ~ 80% 미만	B
60% 미만	C

이렇게 교과 구분상[1] 어디에 속하느냐에 따라 과목별로 세세한 정보를 기록하는 경우가 있고 크게 줄이는 경우가 있는데, 전체적으로 정리하자면 다음과 같다.

---

1) 교과 구분은 교육과정이 발표될 때 함께 나오는 교과 편제표를 보고 확인할 수 있다. 교과 편제에 대해서는 따로 길게 설명해야 하지만, 우선 여기서는 교과목이 대부분 '공통 과목'과 '일반/진로 선택 과목'으로 나뉜다고만 알고 넘어가도 된다. (2015개정 교육과정 기준)

구분			원점수/과목평균 (표준편차)			성취도 (수강자수)		석차 등급	비고
			원점수	과목평균	표준편차	성취도	수강자수		
보통 교과	공통과목		O	O	O	5단계	O	O	※ (성취도 3단계) 과학탐구실험 ※ 과학탐구실험은 석차등급 미산출
	일반 선택 과목	기초/탐구/생활·교양	O	O	O	5단계	O	O	※ 교양 교과(군) 제외
		체육·예술	-	-	-	3단계	-	-	※ 수강자수 입력하지 않음
	진로 선택 과목 ※기초/탐구/생활·교양/체육·예술		O	O	※성취도별 분포비율 미입력	3단계	O	-	※ 진로선택으로 편성된 '전문교과 I·II' 포함 ※ 교양 교과(군) 제외 ※ '석차등급' 및 '표준편차' 삭제, '성취도별 분포비율' 입력
	교양 교과 (군)		-	-	-	P	-	P	

(출처 : 교육부) ※ 'P'는 이수/미이수(Pass/Fail) 방식을 의미함.

이렇게 과목별 성적이 표기되고 나면 다음으로는 세부능력 및 특기사항이 기재된다. 세부능력 및 특기사항은 흔히 '세특'으로 줄여서 부른다. 세특은 과목별 학습 과정에서 학생이 보인 능력이나 활동 내용 등을 의미한다. 바꿔 말하면 수업과 관련된 활동이나 수행평가 등 교과 관련 활동을 기록하는 부분이다. 세특의 존재 의의는 숫자와 등급으로만 표시되는 과목별 성적만으로는 알 수 없는, 학생이 학습 과정에서 보인 다양한 면모와 역량을 담아낼 수 있다는 점에 있다. 그래서 세특을 통해 학생이 해당 교과를 배우는 과정에서 어떤 활동을 했는지, 어떤 역량을 보였는지, 어떤 탐구 과정을 통해 어떤 성장을 보였는지 등 학생만의 색깔과 특성을 드러낼 수 있는 구체적이고 깊이 있는 내용을 담을 수 있다. 그런 만큼 수시 준비에 힘쓰는 고등학교들은 학생들의 세특을 잘 적기 위해 갖은 노력을 한다. 대학에서 학생부종합전형을 운영할 때 가장 많이 보는 부분이 바로 내신 성적과 세특이며, 세특은 학생에 대한 정성평가의 핵심 근거가 되기 때문이다.

교육부의 학생부 작성 방침의 변화 방향은 교외 활동을 줄이고 교내 활동에 집중하여 기록하도록 하고 있고, 그중에서도 학교 수업 내실화를 위해 수업과 관련된 교과 활동에 집중하도록 유도하고 있다. 이미 세특은 그렇게 기재되고 있으며, 교과 수업과 관련이 없거나 교사와의 상호 소통 없이 외부에서 독자적으로 진행한 탐구 내용은 학교 교사가 기록하지 않는다.

또한 세특으로 인한 과도한 경쟁을 막기 위해 현재는 과목별 최대 500자까지로 분량이 제한되어 있다. 방과 후 활동, 공인 어학 시험 성적, 교외 대회, 교외상, 각종 교외 활동, 모평 및 학평 성적, 교내 대회, 교내상, 교과 수업과 관련 없는 소논문 등은 아예 기재할 수 없으며 2024학년도부터는 영재, 발명 교육 내용은 대입에 반영하지 않는다. 반면 수업과 관련된 활동이라면 적을 수 있는 폭이 넓으며, 교과 담당 교사들도 수행평가를 통해 세특에 적을 수 있는 소재를 최대한 확보하도록 돕는 편이다. 따라서 세특 관리를 잘 하려면 수업과 각종 활동에 적극적이고 전략적으로 참여해 교사와 소통하면서 기회를 활용해야 한다.

2022개정 교육과정과 과목별 성적 산출 방식의 변화

2022개정 교육과정의 시행 시기와 발맞춰 교육부에서 학생부에 기재될 과목별 성적 산출 방식을 개편해 공시했다. 가장 큰 변화는 오랫동안 이어져왔던 내신 9등급제를 5등급제로 개편한 것이다. 그 이유는 내신 평가에 대한 부담 경감에 있다. 고교학점제의 실시로 다양한 과목의 개설과 선택이 가능해지면서 수강인원이 적은 과목도 여럿 생길 수 있다. 그런데 여기에 기존의 9등급제를 적용하면 급간이 너무 촘촘해져 수강인원이 많은 과목에 비해 크게 불리해진다. 이러한 구조적 문제로 인해 소수 수강 과목이 아예 개설되지 않거나, 되더라도 학생들이 성적 걱정으로 기피하는 등 과목 선택권이 제한될 수 있다. 이런 일을 줄이기 위해 보다 넓은 급간의 5등급제로 전환한 것으로 볼 수 있다. 5등급제의 구성은 다음과 같다.

< 2022개정 교육과정 내신 석차등급 구분 기준 >

석차등급	석차누적비율	구간 크기
1등급	~10% 이하	10%
2등급	10% 초과 ~ 34% 이하	24%
3등급	34% 초과 ~ 66% 이하	32%
4등급	66% 초과 ~ 90% 이하	24%
5등급	90% 초과 ~ 100% 이하	10%

　보통교과[2]의 대부분 과목과 전문교과[3]는 기존처럼 성취도와 석차등급이 병기되는 방식을 유지한다. 다만 사회·과학 교과의 융합 선택 과목[4]은 석차등급을 내지 않으며 체육·예술·교양 교과와 과학탐구실험 과목은 기존처럼 절대평가 성취도만 기재된다. 이를 정리하면 다음과 같다.

---

[2] 인문계 고등학교에서 다루는 거의 모든 과목이 여기에 해당한다.
[3] 직업교육 특성화 고등학교에서 다루는 전공 과목들이 여기에 해당한다.
[4] 2015개정 교육과정에서는 선택 과목이 일반/진로의 2가지로 나뉘었으나, 2022개정 교육과정에서는 일반/진로/융합의 3가지로 나뉜다. 이 또한 교과 편제표에서 구체적인 과목 분류를 확인할 수 있다.

< 과목별 성적 산출 및 대학 제공 방식(확정) >

구 분	절대평가		상대평가	통계정보		
	원점수	성취도	석차등급	성취도별 분포비율	과목평균	수강자수
보통교과	O	A·B·C·D·E	5등급	O	O	O
사회·과학 융합선택	O	A·B·C·D·E	-	O	O	O
체육·예술 /과학탐구 실험	-	A·B·C	-	-	-	-
교양	-	P	-	-	-	-
전문교과	O	A·B·C·D·E	5등급	O	O	O

(출처 : 교육부)

한편 석차등급의 구간이 넓어짐에 따라 기존의 2등급까지에 해당하는 학생들이 대부분 1등급을 받을 수 있게 되었고, 기존의 4등급까지에 해당하는 학생들 대부분이 2등급을 받을 수 있게 되었다. 또한 4등급 후반 ~ 6등급 초반까지는 모두 3등급을 받을 수 있게 되었으니, 5등급제에서는 석차등급이 충분한 변별력을 보여주지 못할 것이라는 우려가 이미 만연하다. 그래서 오히려 최상위권 경쟁에서는 어느 한 과목이라도 1등급을 받지 못하면 크게 불리해지는 상황이 발생한다. 인서울이 가능하려면 1점대 안에서 내신을 유지해야 한다는 예측치도 이미 나오고 있는 상태다. 1등급을 받기가 쉬워진 만큼 1등급 학생들이 많아지고, 결국 1등급끼리의 경쟁으로 이어지면서 그 아래 등급은 더 저평가 받을 수밖에 없기 때문이다. 촘촘한 등급이 주는 압박을 해소하겠다는 취지로 도입된 5등급제가 역설적으로 등급 간 장벽을 더 뚜렷하게 만들어 압박감을 키운 셈이다.

심지어 2022개정 교육과정의 학생부에서는 학생들의 경쟁 수준, 즉 학교 수준을 간접적으로 파악할 수 있는 표준편차도 대학에 제공되지 않는다. 그러면 변별을 위해서 원점수와 성취도도 유심히 살펴볼 수밖에 없다. 따라서 석차등급, 성취도, 원점수의 인플레이션은 더욱 심해질 것으로 예상된다.

⑦ 독서활동상황

학생이 읽은 도서 목록이 기록된다. 과거에는 독서활동상황도 함께 관리하기 위해 분야별로 다양한 책을 읽고 기록을 남긴 다음 이를 요약적으로 학생부에 기록하곤 했다. 그러나 이제는 도서명과 저자만 입력하는 단순한 형식으로 바뀌었다. 2024학년도부터는 독서활동상황을 대입에 반영하지 않기 때문에 그 중요성은 더더욱 낮아졌다.

그렇다면 이제 독서는 할 필요 없을까? 그렇지 않다. 오히려 전략적인 독서를 해야 한다. 독서활동상황 항목이 대입에 미반영될 뿐, 대학은 여전히 학생의 독서를 중요하게 생각한다. 독서는 학생의 탐구 수준과 열의를 보여줄 뿐만 아니라 학생 혼자서는 발견하고 심화시키기 어려운 지식을 제공하고 성장시키는 수단이기 때문이다. 또한 단순 독서가 아닌, 창의적 체험활동이나 교과활동과 관련된 독서는 그 내용을 창체나 세특 칸에 입력할 수 있다. 이때 독서는 학생의 탐구 활동 과정에서 시야를 확장하거나, 탐구 방향성을 설정하거나, 심화 지식을 습득하거나, 문제 해결에 도움을 받는 등 다양한 용도로 활용될 수 있다. 따라서 단순히 독후감을 쓰기 위한 독서로 접근하지 말고, 탐구 활동의 일부로서 어떤 연관성과 의미를 부여할지 고려하여 전략적으로 책을 고르고 읽어야 한다.

⑧ 행동특성 및 종합의견

학생의 행동특성 등에 대해 관찰된 내용이 기록되며 줄여서 '행특'이라고 부르기도 한다. 이름에서도 알 수 있듯이 학생에 대한 총체적인 내용을 작성하는 부분이기 때문에 다른 영역에는 담기지 않는 학생의 성격이나 장단점이 담길 수 있고, 일종의 추천서 역할도 할 수 있다. 학급 담임교사가 입력하며 연간 500자까지 입력할 수 있다. 교과성적, 세특이나 창체와 달리 이쪽은 학생이 직접적으로 무언가 할 수 있는 여지가 거의 없는 영역이다. 그러나 행특에는 학생에 대한 교사의 진솔한 의견이 담기기도 하고, 세특이나 창체에 많이 담기 어려운 공동체 역량 관련 내용이 담기기도 한다. 특별히 심각한 내용이 기재되지 않는다면 보통 무난하게 평가를 받고 넘어갈 수 있지만, 학생은 자신의 인성 및 사회성 또한 학생부에서 정성적으로 평가된다는 점을 주지할 필요가 있다.

⑨ 학교폭력 조치사항 관리

2025년 기준 고2부터 새로 만들어진 칸으로, 학교폭력 관련 조치사항이 모아져 기록된다. 우선 학교폭력 관련 조치사항은 크게 9가지가 있으며 다음과 같다.

> 제1호: 서면사과
> 제2호: 접근, 협박 및 보복행위 금지
> 제3호: 교내봉사
> 제4호: 사회봉사
> 제5호: 특별 교육이수 또는 심리치료
> 제6호: 출석정지
> 제7호: 학급교체
> 제8호: 전학
> 제9호: 퇴학

2025년 기준 고3까지는 위의 조치사항이 서로 다른 곳에 나누어 기록되었다. 예를 들어 1~3호, 7호는 행특, 4~6호는 출결상황, 8~9호는 인적·학적사항에 기록되었다. 그러나 고2부터는 모든 내용이 한 곳에 모아져 기록되므로 파악하기 쉬워졌다.

앞서 출결상황에서 미인정 결석이 평가에 심각한 영향을 미친다고 언급한 바 있다. 학교폭력은 그보다 더 심하다. 학교는 기본적으로 학교폭력 사건을 좋은 의미로든 나쁜 의미로든 잘 해결하려는 경향이 있다. 그럼에도 불구하고 학교폭력 조치사항 관리에 어떤 항목이 기재되었다는 것은 학생에게 '무마하기 어려운' 가해 이력이 있다는 뜻이다. 이를 대학이 모를 리 없다. 깨끗하고 건전하게 학교생활을 하는 학생들이 많은데 대학이 굳이 학교폭력 가해 이력이 있는 학생을 뽑을 이유가 있을까? 즉 학폭이 기재되는 순간 서류는 무조건 탈락이라고 봐야 한다. 너무도 당연한 이야기지만 학폭에 가담하거나 휘말리지 말고 깨끗한 학교생활을 해야 한다.

학생부와 교과/비교과

✳

　학생부에서 대입, 즉 수시에 주로 영향을 미치는 부분은 교과학습발달사항, 창의적 체험활동상황, 행동특성 및 종합의견 정도라 할 수 있다. 여기서 행동특성 및 종합의견은 오롯이 담임교사의 작성 영역이니, 학생으로서 관리에 최선을 다할 수 있는 것은 결국 교과학습발달사항과 창의적 체험활동상황의 2가지인 셈이다. 이를 다르게 분류하면 교과·비교과로 나눌 수 있다. 교과는 교과 성적을 의미하고, 비교과는 교과 성적을 제외한 나머지라고 이해하면 된다. 즉 여기서 비교과의 핵심은 교과학습발달사항의 세특, 창의적 체험활동상황이 된다.

　교과는 학생부교과전형의 핵심이다. 물론 학생부종합전형에서도 중요하지만 교과전형은 거의 교과 성적만으로 당락이 결정되기 때문이다. 반면 비교과는 학생부종합전형에서 진가를 발휘하는 요소다. 교과뿐만 아니라 비교과도 함께 평가하기 때문이다. 그런데 이 점을 두고 혹자는 비교과가 좋으면 교과 성적이 낮아도 어떻게든 따라잡을 수 있다는 과한 기대감을 품기도 한다. 사실은 그렇지 않다. 좋은 비교과로 가능한 것은 약간의 내신 차이를 상쇄하거나 비슷한 내신을 가진 학생들 사이에서 더 우수한 경쟁력을 확보하는 것이다. 비교과가 아무리 우수해도 교과 성적이 턱없이 낮으면 오히려 비교과가 지나치게 느껴져 역효과가 난다. 중요한 것은 교과와 비교과의 균형, 가능한 한 상향 평준화 시키는 것이다.

기본적으로 학생부교과전형이 학생부종합전형보다 커트라인이 높다. 상위권 대학 기준 교과전형은 내신이 최상위권인 학생들이 주로 쓰기 때문이다. 그런 만큼 교과전형은 성적 경쟁이 매우 치열하고, 교과 성적만으로 자신이 원하는 학교를 골라 갈 수 있는 학생은 극히 드물다. 최상위권 학생들도 수시 6장의 카드를 모두 교과로 쓰는 경우는 지극히 드물다. 그래서 최상위권부터 중위권 학생들까지는 대부분 더 많은 인원을 선발하는 학생부종합전형을 위해 교과와 비교과를 모두 관리해야 한다. 그런데 이는 중위권 대학까지를 목표하는 학생들에게 해당하는 이야기다. 중하위권 이하 대학으로 내려가면 오히려 종합전형으로 뽑는 경우가 줄어들고 대부분 교과전형으로 뽑기 때문에 비교과 관리가 큰 의미가 없을 가능성이 높다.

교과와 비교과를 관리하는 방법은 사람마다 다양하겠지만, 깊게 들어가면 너무 길고 복잡해지니 여기서는 가장 기본적인 부분만 짚고 넘어가겠다. 먼저 교과 성적을 잘 받으려면 수업 내용을 잘 익혀서 지필시험을 잘 쳐야 한다는 것은 더 말할 필요가 없다. 그런데 여기서 사람들이 의외로 간과하는 것이 있는데 바로 서술형 평가 대비이다. 지필고사에서 서술형 문항이 차지하는 비중은 생각보다 높다. 학교나 선생님에 따라 그 비중과 문제 수준은 달라지지만, 내신 경쟁이 치열한 학교일수록 변별을 위해 서술형의 비중이 높고 문제 수준도 어려워지는 경향이 있다. 비중이 높을수록 배점이 높기 때문에 부분 점수 싸움이 벌어지기도 하고, 한 문제를 통째로 날린다면 고득점에서 멀어진다.

서술형 평가는 그 교육적 의의와 더불어 내신 확보에도 중요한 요소이다. 그러나 서술형 평가를 잘 치르는 역량은 하루아침에 쌓을 수 없다. 미리미리 습관을 통해 시간을 들여 익숙해지는 연습이 필요하다. 당연하지만 글씨를 또박또박 쓰는 것부터 시작해 발문과 출제자의 의도를 정확히 이해할 수 있어야 하며, 자신의 생각을 정확한 문장으로 풀어내는 훈련이 되어야 한다. 특히 수학의 경우 평소에 문제를 풀 때식을 가지런히 그리고 논리적으로 전개하는 훈련을 해두어야 지필고사에서 실수로 부분 점수를 깎이는 일을 막을 수 있다.

다음으로 비교과는 양보다 질의 관점에서 접근해야 한다. 물론 양적으로도 활발하게 해야 하지만 세특과 창체에 제대로 담아내지 못한다면 결과적으로 효율성이 떨어지기 때문이다. 과거 수시에서는 비교과에 준비해야 할 것들이 매우 많았다. 학생부의 여러 항목을 채우기 위해 다양한 실적을 마련해야 했고, 여기에 자기소개서까지 추가로 작성해야 했기에 더욱 부담이 컸다. 그러나 2024학년도 대입부터 자기소개서가 전면 폐지되었고, 학생부의 대입 반영 항목과 분량도 단계적으로 많이 축소되었다. 즉 비교과 영역의 범위가 절대적으로 줄어든 것이다. 따라서 이제는 한정된 분량 속에서 담는 내용의 질을 높이는 것이 중요하다.

여기서 짚고 넘어가야 할 것이 바로 '수행평가'의 중요성이다. 과정 중심 평가라는 교육과정 기조에 따라 수행평가가 도입된 지는 오래되었지만, 학생들 중에서는 수행평가를 잘 준비하지 않는 경우가 종종 있다. 하지만 수행평가는 과목별 성적에 매우 중요한 구성 요소 중 하나이다. 한 학기의 성적은 보통 지필로 치러지는 정기고사 1~2회와 수행평가 성적을 합산해 산출된다. 물론 정기고사와 수행평가의 반영 비중은 정하기에 따라 다르고, 수행평가의 비중이 줄어드는 경우도 종종 있다. 또 요즘은 많이 줄어들었지만 수행평가라는 이름이 유명무실하게 쪽지시험 등으로 대체되는 경우도 있다.

그럼에도 불구하고 수행평가는 결코 놓쳐서는 안 될 부분이다. 그 이유는 첫째로 엄연히 학기 성적의 일부이기 때문이다. 어떤 과목의 한 학기 성적을 100점 만점이라 했을 때 중간고사, 기말고사, 수행평가의 구성 비중은 보통 30/30/40 정도이다. 경우에 따라 25/25/50 또는 20/20/60까지 나오기도 한다. 어떤 과목은 지필고사를 1회만(주로 기말고사) 치르기도 하는데, 이 경우 지필고사와 수행평가의 구성 비중은 50/50에서 시작해 40/60 또는 30/70까지 기울어지기도 한다. 기본적으로 수행평가가 차지하는 비중이 단일 시험보다 높다. 따라서 중간고사와 기말고사를 잘 보더라도 수행평가 점수를 제대로 받지 못하면 등급이 잘 나올 수 없다. 물론 수행평가는 한 번이 아니라 여러 번에 걸쳐서 진행되기 때문에 각각의 활동 단위로 따지면 점수 비중은 낮아진다. 그러나 그 점수들이 모여서 최종 성적을 결정하기 때문에 어느 것 하나 소홀히 해서는 안 된다. 과제의 난이도가 쉽더라도 방심해서는 안 된다. 그만큼 남들도 쉽게 받을 수 있는 점수를 나만 받지 못한다면 등급은 더 큰 폭으로 떨어질 수 있다.

둘째로 수행평가는 세특을 적기 위한 좋은 기회이기 때문이다. 단순히 교과 내용을 공부하고 시험을 보는 과정에서는 세특에 쓸 내용이 없다. 하지만 수행평가를 통해 어떤 활동거리가 제시된다면 그 활동의 내용과 방식을 계획하고 실행하는 과정에서 내가 원하는 목적과 방향으로 활용할 수 있다. 학생부 관리에 신경 쓰는 학교는 이 점을 감안해서 자유도 높은 탐구 활동이 가능하도록 수행평가를 제시한다. 애초에 세특 기재 원칙 상 수업 시간 중에 교사가 직접 관찰하고 평가한, 해당 교과의 정해진 성취기준 내에서 이루어진 활동만 적을 수 있기 때문이다. 그리고 이 기준에 딱 들어맞는 것이 바로 수행평가이다.

즉 수행평가는 교과 성적을 위해서나 세특을 위해서나 적극적으로 참여해야 하는 영역이다. 물론 수업 내용을 소화하는 것만 하더라도 쉽지 않은데 수행평가까지 챙기는 것이 쉽지는 않다. 하지만 수행평가도 교과 학습의 한 형태이고, 입시 준비의 한 방법이라는 점을 기억해야 한다. 시험공부에 너무 지장이 가지 않는 범위에서 수행평가에도 부지런히 에너지를 투자하는 것이 결과적으로는 더 많은 것을 균형 있게 챙기는 길이다.

학생부 관리를 위한 몇 가지 팁

*

학생부 관리를 위해 알아두면 좋을 몇 가지 팁을 부록 차원에서 소개한다.

과목 선택은 희망 분야(계열)와 관련 있게

고교학점제 전면 시행으로 학생들에게 과목 선택권이 넓게 열렸다. 물론 이전에도 선택 과목 시스템은 존재했으나 2022개정 교육과정이 적용되며 과목 구성이 많이 바뀌고 세분화되었다. 그러면서 '어떤 과목을 이수했느냐'가 학생부 평가에서 또 다른 중요 요소가 되었다. 정성평가를 하는 학생부종합전형은 물론이고, 숫자만 따지는 학생부교과전형에서도 이수 과목을 함께 보는 상~중상위권 대학들이 있을 정도다.

그래서 과목 선택은 신중해야 하지만, 너무 어렵게 생각할 필요는 없다. 학생의 희망하는 분야와 최대한 연관성 있게, 자신만의 이유와 목적을 갖고 선택해야 한다. 만약 경제학과를 희망하는 학생이 '경제' 과목을 듣지 않는다면? 기계공학과를 희망하는 학생이 '역학과 에너지' 과목을 듣지 않는다면? 대학 입장에서는 해당 학과에 대한 진정성과 학업 역량 모두를 의심할 수밖에 없다. 반대로 경영학과를 희망하는 학생이 '인문학과 윤리' 과목을 수강한다면? 수강 사실만으로는 좋거나 나쁘다고 단언할 수 없다. 경영에는 조직 관리와 운영 같은 기술적인 측면도 있지만 경영 윤리와 같은 윤리적 측면도 있다. '인문학과 윤리' 과목을 수강하면서 윤리적 사고를 함양했는지, 윤리적 사고를 현실에 적용하여 탐구하는 역량이 있는지, 경영 및 여타 분야에서 대두되는 윤리적 문제에 대해 자신만의 고찰을 한 바가 있는지 등 해당 과목을 이수하며 드러난 학생의 역량에 따라 평가는 달라질 수 있다.

가장 최악의 상황은 자신의 희망 분야가 있음에도 불구하고 그와 관련된 과목을 여러 이유로 회피하는 것이다. 수강자 수가 적어서 성적이 안 나올까봐, 과목 내용이 어렵거나 재미가 없을 것 같아서, 심지어 해당 과목 선생님이 싫어서 등 말이다. 관련 없는 다른 과목을 선택해 내신을 잘 받았다 하더라도 대학은 그 학생의 태도를 좋게 보지 않는다. 학업을 위해 필요하다면 어려운 상황이어도 이를 감수하는 태도가 더 좋게 평가받는다. 대학은 결국 학생이 입학 후 학과 커리큘럼을 잘 따라올 수 있는 역량과 태도가 있는지를 중요하게 보기 때문이다.

대학 홈페이지에는 학과별로 '권장과목 목록'이 게시되어 있다. 특정 학과 지원에 앞서 고등학교 때 가급적 이수하기를 권장하는 과목의 목록이다. 관심 있는 대학들의 권장과목 목록을 한번 살펴보자. 많은 경우 학생의 과목 선택권을 최대한 보장하기 위해, 선택 여건에 편차가 크다는 점을 고려해 권장과목이 적은 편이다. 그러나 몇 과목이라도 명시된 과목이 있다면 그 과목은 반드시 이수해야 한다. 말은 권장이지만 속뜻은 '우리 학교에 와서 공부하려면 이 과목은 꼭 배워두어야 한다'는 뜻이기 때문이다. 그럼에도 이수하지 않았다면 과연 대학이 좋게 볼까? 이수했는데 성적이 조금 낮은 것보다 이수 자체를 하지 않은 것이 패널티가 더 크다.

단, 고등학교에서 개설 자체가 되지 않아 이수를 '못'한 경우는 다르다. 이 경우는 대학도 평가할 때 감안해서 본다. 그럼에도 불구하고 꼭 들어야 하는 과목이라면 '공동교육과정' 제도를 적극적으로 활용하자. 공동교육과정은 어떤 과목을 학교마다 개설하기 어려운 경우, 권역 내 다른 학교들과 협력해 교육과정을 공유하는 제도이다. 어떤 과목이 우리 학교에서는 개설되지 않았는데 다른 학교에서 공동교육과정으로 개설되었다면, 그 학교에서 수업을 듣고 이수하는 것이다. 이 경우 정상적인 교과 이수로 인정되며 성적 산출 및 세특 기재가 이루어진다. 공동교육과정으로 이수한 과목은 석차등급이 산출되지 않는다는 특징이 있으며, 소속 학교의 교육과정에 더해 더 많은 학습을 하려는 노력이기 때문에 대학에서도 긍정적으로 볼 수 있다.

단위수에 따른 내신 계산 유불리

수시에서 내신을 계산할 때 단순히 등급만을 가지고 계산하지 않는다. 과목별 단위수를 곱해 계산한다. 그래서 같은 등급을 받은 과목이라도 단위수에 따라 그 파급력이 달라진다. 예를 들어 어느 학기에 국어가 4단위이고 수학이 5단위라고 하자. 여기서 A는 국어 1등급과 수학 2등급을 받았고 B는 국어 2등급과 수학 1등급을 받았다. 그러면 보통 평균 내신을 계산할 때 A는{(4×1)+(5×2)}/(4+5)로 계산되고, B는{(4×2)+(5×1)}/(4+5)로 계산된다. 이에 따르면 B가 근소하게 더 높은 성적이 된다. 즉 A와 B 모두 1등급 하나, 2등급 하나를 받았지만 단위수가 더 높은 수학에서 1등급을 받은 B가 유리해지는 것이다.

따라서 이론상으로는 단위수가 많은 과목에 집중하면 좋을 것 같지만, 실제로는 어느 한 과목에 너무 치중해 다른 과목의 성적이 큰 폭으로 떨어질 경우 전체 내신에 타격을 입을 수 있으니 단위수에 연연해 과목을 구분할 필요는 없다. 일부 학생들은 단위수가 훨씬 적은 사회, 과학, 한국사 등의 과목이 재밌다는 이유로 해당 과목만 많이 공부하고 다른 주요 과목은 회피하는 경향을 보이기도 하는데, 이런 학생들이 경각심을 가져야 할 대목이다. 보통 국어, 수학, 영어가 다른 과목들에 비해 단위수가 더 크기 때문에 전체 내신에 미치는 영향도 더 크다. 따라서 과목을 편식하지 말고 골고루 공부하되 남는 여력이 있다면 단위수가 더 높은 과목의 성적을 방어하는 편이 좋다.

중간고사 성적표 보고 자신의 구간 확인하기

중간고사를 보고 나면 과목별 점수, 석차와 수강자수, 평균과 표준편차가 기록된 성적 통지표를 받게 된다. 학생부 교과학습발달상황에 최종적으로 기록되는 등급과 성취도는 중간고사, 기말고사, 수행평가를 모두 합산한 점수로 산출되지만, 중간고사 점수를 확인함으로써 자신의 현재 위치가 어떤지 점검할 수 있다.

보통 학생들은 중간고사 성적표를 받고 나면 자신의 원점수만 확인하고 끝낸다. 하지만 함께 적혀있는 석차와 수강자수로 대략적인 위치도 알 수 있다. (석차)÷(수강자수)×100을 계산하면 과목별로 자신이 상위 몇 %인지 알 수 있고, 9등급제(또는 5등급제) 석차누적비율과 비교하면 자신이 몇 등급이며 해당 등급 안에서도 상·중·하위권인지 알 수 있다. 이후 과목별 등급과 단위수를 곱해 전부 더한 다음 단위수의 합으로 나누면 중간고사 기반 평균 등급도 알 수 있다. 예를 들어 어떤 학생이 아래와 같은 성적표를 받았다고 하자. 그러면 다음과 같이 계산해 볼 수 있다.

과목명	원점수	성취도	석차등급	석차(동석차수)/수강자수	과목평균(표준편차)
국어(4)	85	-	-	43 / 200	67.5 (24.3)
수학(4)	70	-	-	55 / 200	52.1 (27.2)
영어(4)	75	-	-	54 / 200	68.0 (25.1)
한국사(3)	92	-	-	17 / 200	58.2 (28.0)
통합사회(3)	82	-	-	38 / 200	55.3 (24.6)
통합과학(3)	81	-	-	40 / 200	55.4 (24.7)
기술·가정(2)	73	-	-	66 / 200	59.9 (23.5)

국어(4단위) : 43 ÷ 200 × 100 = 21.5(%) → 3등급 후반
수학(4단위) : 55 ÷ 200 × 100 = 27.5(%) → 4등급 초반
영어(4단위) : 54 ÷ 200 × 100 = 27(%) → 4등급 초반
한국사(3단위) : 17 ÷ 200 × 100 = 8.5(%) → 2등급 중반
통합사회(3단위) : 38 ÷ 200 × 100 = 19(%) → 3등급 후반
통합과학(3단위) : 40 ÷ 200 × 100 = 20(%) → 3등급 후반

→ 전체 평균 :
{(3×4)+(4×4)+(4×4)+(2×3)+(3×3)+(3×3)}/(4+4+4+3+3+3)
≒ 3.24등급

앞서 언급했듯 학생부에 기재되는 등급은 중간고사에 기말고사, 수행평가 등이 모두 합산된 점수를 기준으로 하므로 중간고사 결과만으로 자신의 등급이 얼마가 될 것이라고 단정 지을 수는 없다. 하지만 학생 혼자서는 보통 원점수와 석차 정도만 확인하고 말기에, 성적표가 나오더라도 자신이 어느 정도 성취했는지 정확하게 분석하지 않는다. 따라서 위와 같은 계산을 통해 학생이 자신의 위치를 좀 더 구체적으로 인지하고 수행평가와 기말고사 대비를 위한 전략을 세울 수 있도록 도울 수 있다.

※ 참고 : 2022개정 교육과정 도입 시기

2024년 3월 1일: 초등학교 1, 2학년
2025년 3월 1일: 초등학교 3, 4학년, 중학교 1학년, 고등학교 1학년
2026년 3월 1일: 초등학교 5, 6학년, 중학교 2학년, 고등학교 2학년
2027년 3월 1일: 중학교 3학년, 고등학교 3학년 (전체 도입 완료)

TEST 1장. 학교생활기록부 언박싱

01. 다음 중 학교생활기록부(학생부)에 대한 설명으로 가장 적절하지 <u>않은</u> 것은?

① 학생의 기본 정보와 학교생활 기록을 담는 법적 서류이다.
② 초·중·고등학교 모두에서 각각 작성된다.
③ 2025년 기준 고2부터 '학교폭력 조치사항 관리'라는 칸이 새로 만들어졌다.
④ 고등학교 학생부는 수시 전형에서 매우 중요한 자료로 활용된다.
⑤ 대입에서는 학생의 개인정보와 학적사항이 그대로 대학에 제공된다.

02. 학교생활기록부의 출결상황에 대한 설명으로 옳은 것은?

① 정량평가 시 지각, 조퇴, 결과, 결석 모두 동일하게 횟수를 계산한다.
② 미인정 결석은 성실성 판단에 치명적인 영향을 미치지 않는다.
③ 체험학습이나 경조사 등은 미인정 결석으로 처리되어 학생부에 기록된다.
④ 지각, 조퇴, 결과, 결석 사유의 종류는 질병, 미인정, 기타로 나뉜다.
⑤ 미인정 결석이 학생부에 입력되어도 학생부종합전형 기준 인서울 진학에는 큰 문제가 없다.

03. 수상경력 항목과 관련하여 2024학년도부터 적용되는 변화로 옳은 것은?

① 교내에서 수상한 상 중 최대 5개까지만 대입에 반영된다.
② 학생부에서 수상경력 칸이 사라져 더 이상 기록되지 않는다.
③ 고등학교 학생부에 한해 교외 활동으로 받은 상도 학생부에 기록할 수 있게 되었다.
④ 수상경력 항목 자체를 대입에 반영하지 않게 되었다.
⑤ 창의적 체험활동상황 등 다른 항목에도 수상 내용을 기록할 수 있다.

04. 자격증 및 인증 취득사항에 대한 설명으로 적절한 것은?

① 2011년부터 공인 어학 시험 성적을 입력할 수 있게 되었다.
② 2024학년도부터 대입에 다시 중요하게 반영되는 항목이다.
③ 인문계 고등학교 학생들이 국가기술자격증을 주로 취득하여 기록한다.
④ 주로 특목고 학생들이 다양한 자격증을 취득하여 기록하는 영역이다.
⑤ 현재는 자격증과 기술을 쌓는 것이 주 목적인 특성화고에서 많이 기록되는 영역이다.

05. 창의적 체험활동상황(창체)은 크게 4가지 활동으로 분류되어 기록된다. 다음 중 이 4가지 활동에 해당하지 않는 것은? (2015개정 교육과정 기준)

① 자율활동
② 동아리활동
③ 창의활동
④ 진로활동
⑤ 봉사활동

06. 2024학년도부터 창의적 체험활동상황(창체) 기록이 축소되는 형태로 바뀌었다. 다음 중 옳지 않은 것은?

① 자율활동과 동아리활동은 각각 연간 500자까지 입력할 수 있다.
② 동아리 활동 중 자율동아리 활동은 대입에 반영되지 않는다.
③ 청소년 단체활동을 했더라도 단체명은 기재할 수 없다.
④ 봉사활동은 교내에서 진행한 실적만 특기사항을 기재할 수 있다.
⑤ 진로 희망 분야는 적더라도 대입에 반영하지 않는다.

TEST 1장. 학교생활기록부 언박싱

07. 수시 학생부종합전형에서 창의적 체험활동(창체)이 가지는 의미와 역할에 대한 설명으로 적절한 것은?

① 내신 성적보다 절대적으로 우위를 갖는 평가 항목이다.
② 세부능력 및 특기사항(세특)과 달리 교과 수업과 직접적으로 연관된 탐구 활동만 기록할 수 있다.
③ 학생의 희망 분야에 관심을 갖게 된 계기, 다양한 호기심과 탐구 역량 등 비교적 다양한 내용을 기록할 수 있다.
④ 한 학기 이내에 진행 및 마무리된 활동만 기록할 수 있다.
⑤ 대입에서 미반영 항목으로 분류되어 그 중요성이 크게 줄어들었다.

08. 교과학습발달상황에 대한 설명으로 적절하지 않은 것은?

① 크게 과목별 성적과 세부능력 및 특기사항의 두 부분으로 나뉜다.
② 성취도는 성취율에 따른 절대평가를 통해 부여된다.
③ 사회·과학 교과의 융합선택 과목은 석차등급이 산출되지 않는다.
④ 2022개정 교육과정부터 내신 5등급제가 시행되지만 제공되는 성적 관련 지표는 동일하다.
⑤ 체육·예술 교과와 과학탐구실험 과목은 석차등급 없이 3단계 성취도만 기재된다.

09. 2022개정 교육과정 기준 석차등급 구분 기준에 따르면, 석차누적비율이 20%인 학생은 몇 등급에 해당하는가?

① 1등급
② 2등급
③ 3등급
④ 4등급
⑤ 5등급

10. 세부능력 및 특기사항(세특)에 대한 설명으로 옳지 않은 것은?

① 학생부종합전형에서 내신 성적과 함께 주된 평가요소이다.
② 방과 후 활동, 어학 시험 성적, 모의고사 성적 등은 기재할 수 없다.
③ 과목별로 최대 500자까지만 기재할 수 있다.
④ 공동교육과정으로 이수한 과목도 세특을 기재할 수 있다.
⑤ 수행평가를 통한 탐구 활동 내용은 세특에 기록할 수 없다.

2장
수능 제도 파악하기

시험 일정과 출제 기관

✱

고등학생들은 수능을 치르고, 그전에도 많은 모의고사를 치른다. 여기서 수능의 정식 명칭은 '대학수학능력시험'이다. 한국교육과정평가원(평가원)에서 출제하며 고등학교 졸업자 또는 예정자를 대상으로 시행된다. 따라서 자연스럽게 고3 또는 재수생(졸업자)과 검정고시 합격자 등이 수능에 응시한다. 평가원은 매년 11월에 시행되는 수능과, 이를 대비하는 성격으로 시행되는 6월과 9월의 '모의평가(모평)'를 출제한다. 즉 평가원은 단 3번의 시험을 출제하고 주관한다.

하지만 실제로 고등학생들은 고1 때부터 모의고사를 치른다. 이는 교육청에서 고1부터 고3까지 모두를 대상으로 '전국연합학력평가(학평)'를 진행하기 때문이다. 그래서 고1과 고2는 시·도교육청 주관 학평을 매년 치르고, 고3은 학평과 모평을 번갈아 치르다가 마지막으로 수능을 보게 된다. 학평, 모평, 수능을 출제 기관과 함께 정리하면 다음과 같다.

	3월	4월	5월	6월	7월	8월	9월	10월	11월
1학년	서울			부산*			인천	경기	
2학년	서울			부산*			인천	경기	
3학년	서울		경기	모평	인천		모평	서울	수능

*6월 학평은 서울 미실시

고1과 고2가 보는 모의고사는 서울시, 부산시, 인천시, 경기도가 돌아가면서 출제하는 학평이다. 고3은 3월, 5월, 7월, 10월에 보는 학평과 6월, 9월에 보는 모평까지 더 잦은 시험을 치른다.

출제 영역과 과목, 배점 구성

＊

학평, 모평은 모두 수능을 기반으로 한 모의시험이기 때문에 수능을 제대로 이해하면 나머지는 시험 범위만 다른 형태로 금방 파악할 수 있다. 그런데 수능 시험은 고정불변이 아니라 조금씩 바뀐다. 다만 갑자기 바뀌는 것이 아니라 '4년 예고제'에 따라 각 대학의 대입 제도와 연동되어 미리 고지된다. 말이 나온 김에 이 부분을 간략히 짚고 넘어가고자 한다.

정부 교육당국(교육부)에서는 고등교육법에 따라 약 4년 전에 수능을 포함한 대입 정책의 틀을 발표해야 한다.[5] 다음 해에는 한국대학교육협의회(대교협)에서 이를 반영한 '대입전형 기본사항'을 발표한다.

---

5) 원래 3년 예고제였으나 2020년경 강화되었다.

그다음 해에는 각 대학별로 '대입전형 시행계획'을 발표한다. 그다음 해가 되면 각 대학별로 실질적인 '모집요강'을 발표한다. 이를 수험생 학년 기준으로 구체적인 시기와 함께 정리하면 다음과 같다.

발표시기	발표기관	발표내용	세부사항
중3 2월	교육부	대입 정책	대입의 큰 방향 설정
고1 8월	대교협	대입전형 기본사항	전형별 기본사항원칙 수시/정시 주요 일정 회원 대학 현황 등
고2 4월	각 대학	대입전형 시행계획	모집시기·전형·학과별모집인원 지원 자격 전형 방법 요소별 반영 비율 수능최저학력기준 (수시) 수능 영역별 반영 비율 (정시) ※ 대교협에서 전체 통계자료 발표
고3 4월·8월	각 대학	모집요강	시행계획 내용 포함 전형별 세부 일정 및 절차

언론이나 교육전문가들이 분석하는 대입전형에 대한 내용은 많은 경우 위 문서에 기반한다. 따라서 원장, 강사, 학부모 입장에서는 학생이 고3이 되기 전 미리 대입전형에 대해 분석하고자 한다면 위 문서를 찾아보면 된다. 학생 입장에서는 실질적으로 참고가 될 만한 내용은 대입전형 시행계획부터라 할 수 있다. 아무래도 대입전형 기본사항은 기본적인 원칙에 대해 많이 서술한 터라 큰 일정 파악 외에는 각 대학의 세부 계획을 알 수 없기 때문이다.

다시 돌아와서, 수능은 2027년에 시행되는 2028학년도 수능부터 새롭게 개편된다. 따라서 여기서도 2028학년도 이전과 이후로 나누어 설명한다.

(1) 2028학년도 이전 (2026년까지 치르는 수능)

출제 영역은 국어, 수학, 영어, 한국사, 탐구(사회·과학·직업), 제2외국어/한문의 6가지로 나뉜다. 국어, 수학, 영어 영역은 100점 만점이고 한국사, 탐구, 제2외국어/한문 영역은 50점 만점이다. 이중 영어와 한국사는 원점수를 기반으로 등급을 매기는 절대평가 과목이다. 대입에서도 영어와 한국사는 등급을 중심으로 반영하기 때문에 주로 국어, 수학, 탐구 2과목을 합쳐 300점을 기준으로 성적 수준을 가늠하기도 한다. 수능의 진행 순서를 정리하면 다음과 같다.

	시간	내용
1교시	08:40~10:00 (80분)	국어 영역
	휴식 10:00~10:20 / 예비령 및 준비령 10:20~10:30	
2교시	10:30~12:10 (100분)	수학 영역
	점심 12:10~13:00 / 예비령 및 준비령 13:00~13:10	
3교시	13:10~14:20 (70분)	영어 영역
	휴식 14:20~14:40 / 예비령 및 준비령 14:40~14:50	
4교시	14:50~15:20 (30분)	한국사 영역
	15:20~15:35 (15분)	한국사 영역 문·답지 회수
	15:35~16:05 (30분)	사회/과학/직업탐구 영역 ①
	16:05~16:07 (2분)	제1선택 과목 문제지 회수
	16:07~16:37 (30분)	사회/과학/직업탐구 영역 ②
	휴식 16:37~16:55 / 예비령 및 준비령 16:55~17:05	
5교시	17:05~17:45 (40분)	제2외국어/한문 영역

① 국어 영역

총 45문항, 2점 35문항과 3점 10문항으로 총 100점 만점이다. 공통 과목과 선택 과목으로 나누어져 있으며 공통 과목은 1~34번까지 문학, 독서 과목에서 출제된다. 선택 과목은 35~45번까지이며 화법과 작문, 언어와 매체 중 한 과목을 고를 수 있다.

독서 과목은 독서/인문·예술/사회/과학·기술 분야의 지문이 출제되며 하나의 지문을 읽고 문제를 풀거나 복수의 지문을 읽는 경우로도 출제된다. 문학 과목은 현대시/현대소설/고전시가/고전소설/수필·희곡·시나리오 갈래에서 지문이 출제되며 여러 작품을 묶어서 읽는 경우로도 출제된다. 화법과 작문은 크게 화법/작문/화법·작문복합의 3가지 방식으로 출제되며 언어와 매체는 크게 현대문법/과거문법/매체의 3가지 분야로 출제된다.

② 수학 영역

 총 30문항, 2점 3문항과 3점 14문항과 4점 13문항으로 총 100점 만점이다. 공통 과목과 선택 과목으로 나누어져 있으며 각각 5지선다형, 단답형으로 구성된다. 공통 과목은 1~15번 5지선다형, 16~22번 단답형으로 구성되며 수학Ⅰ, 수학Ⅱ 과목에서 출제된다. 선택 과목은 23~28번 5지선다형, 29~30번 단답형으로 구성되며 확률과 통계, 미적분, 기하 중 한 과목을 고를 수 있다.

 공통 과목 중 수학Ⅰ은 지수·로그·삼각함수, 수열을 다루며 수학Ⅱ는 함수의 극한과 연속, 미분과 적분을 다룬다. 단 공통 과목의 미적분은 다항함수에만 한정된다. 선택 과목 중 확률과 통계는 순열, 조합, 확률, 통계를 다루며 미적분은 수열의 극한, 여러 가지 함수의 미분과 적분을 다룬다. 기하는 이차곡선, 벡터, 공간좌표와 도형을 다룬다. 이때 벡터는 평면벡터에 한정된다.

③ 영어 영역

 총 45문항, 2점 35문항과 3점 10문항으로 총 100점 만점이다. 절대평가 과목이기 때문에 원점수 기준 90~100점을 1등급으로 하여 10점 단위로 등급이 내려간다. 80~89점은 2등급, 70~79점은 3등급이 되는 식이며 20점 미만은 모두 9등급이다. 듣기·말하기 영역과 읽기·쓰기 영역으로 구성되며 1~17번은 듣기 평가로 진행되고 18~45번은 독해 문항이다. 듣기 영역과 독해 영역은 문제 유형이 대부분 고정되어 있어 유형별 대비가 가능하다.

④ 한국사 영역

 총 20문항, 2점 10문항과 3점 10문항으로 총 50점 만점이다. 절대평가 과목이기 때문에 원점수 기준 40~50점을 1등급으로 하여 5점 단위로 등급이 내려간다. 35~39점은 2등급, 30~34점은 3등급이 되는 식이다. 한국사는 2016학년도 수능까지는 사회탐구 영역의 선택과목 중 하나였으나, 2017학년도부터는 필수 응시 영역으로 독립되었다. 한국사 이외의 모든 영역은 응시 여부를 선택할 수 있지만 한국사 영역을 응시하지 않으면 전체 성적이 무효 처리되므로 반드시 응시를 해야 한다.

 고조선부터 조선 후기까지를 전근대사, 개항기부터 현대까지를 근현대사로 분류하는데 전근대사와 근현대사의 문제 비중이 약 1:2 정도로 근현대사의 비중이 훨씬 높다. 이는 한국사의 필수 영역 지정 이전부터 이어져 온 경향이지만, 탐구 영역 시절보다 훨씬 쉽게 출제되기 때문에 공부하는 데 큰 부담은 없는 편이다.

⑤ 탐구 영역

각 과목별로 총 20문항, 2점 10문항과 3점 10문항으로 총 50점 만점이다. 크게 사회탐구, 과학탐구, 직업탐구 영역으로 나뉘어져 있으며 각 영역별로는 다음과 같은 과목들로 구성되어 있다.

사회탐구 (9과목)	생활과 윤리 / 윤리와 사상 / 한국지리 / 세계지리 / 동아시아사 / 세계사 / 경제 / 정치와 법 / 사회·문화
과학탐구 (8과목)	물리학I·II / 화학I·II / 생명과학I·II / 지구과학I·II
직업탐구 (6과목)	성공적인 직업생활 / 농업 기초 기술 / 공업 일반 / 상업 경제 / 수산·해운 산업 기초 / 인간 발달

탐구 영역 시험 시간에는 최대 2과목을 응시할 수 있으며 수능 응시 원서를 제출할 때 응시 과목과 순서를 미리 정해야 한다. 수능 때 사전에 선택한 과목이 아닌 다른 과목을 풀거나 순서를 지키지 않을 경우 부정행위로 간주된다. 다만 모의고사에서는 그때그때 원하는 과목을 선택해 풀 수 있다. 과목을 선택할 때는 사회탐구와 과학탐구 총 17

과목에서 2과목을 고를 수 있고, 직업탐구에서 2과목을 고를 수도 있다. 단 사탐과 과탐은 상위권 대학일수록 인문계 학과는 사탐 2과목, 이공계 학과는 과탐 2과목을 고르게 하거나 가산점을 주는 방식으로 유도한다. 직업탐구에서는 2과목을 선택할 시 제1선택은 무조건 '성공적인 직업생활'로 응시해야 하고, 제2선택에서 나머지 과목 중 하나를 선택해야 한다.

⑥ **제2외국어/한문 영역**

총 30문항, 2점 20문항과 1점 10문항으로 총 50점 만점이다. 절대평가 과목이기 때문에 원점수 기준 45~50점을 1등급으로 하여 5점 단위로 등급이 내려간다. 40~44점은 2등급, 35~39점은 3등급이 되는 식이며 10점 미만은 모두 9등급이다. 탐구 영역과 마찬가지로 응시 과목을 선택할 수 있으며 사전에 지정한 과목을 시험 시간에 풀어야 한다. 이 영역에는 한문Ⅰ, 중국어Ⅰ, 일본어Ⅰ, 독일어Ⅰ, 프랑스어Ⅰ, 스페인어Ⅰ, 러시아어Ⅰ, 아랍어Ⅰ, 베트남어Ⅰ의 총 9과목이 있다.

제2외국어/한문 영역은 2022학년도 수능부터 절대평가로 전환되었다. 상대평가 시절에는 제2외국어/한문 영역의 등급을 탐구 영역 한 과목의 성적으로 대체할 수 있는 경우가 종종 있었으나, 이제는 성균관대학교 포함 극소수의 학교에만 남아있다. 또한 서울대학교는 주로 인문계열 정시모집에서 제2외국어/한문 영역을 필수 응시 영역으로 지정했으며, 등급에 따라 일정하게 감점하는 방식으로 반영한다.

한편 이 영역에 대한 응시 여부 자체는 고사장 선택을 위한 의도로도 선택된다. 한국사를 제외한 전 영역에서 응시 여부를 선택할 수 있기 때문에 고사장 배치 시 같은 영역을 응시한 수험생들은 같은 고사장에 배정되는 편이다. 예를 들면 국어, 수학, 영어 영역만 선택한 수험생들을 한데 묶고 국어, 수학, 영어, 탐구 영역을 선택한 수험생들을 따로 한데 묶는 셈이다. 이때 더 많은 영역을 선택한 학생일수록 시험에 집중하는 학생들일 가능성이 높으므로 고사장 분위기가 더 좋을 수 있다. 그래서 이들과 같은 고사장 또는 교실에 배치받기 위해 제2외국어/한문까지 신청하는 것이다. 하지만 신청했다고 해서 반드시 남아 있어야 하는 것은 아니기에 원서 접수 때는 제2외국어/한문까지 선택해 놓고 수능 당일에는 4교시 탐구 영역까지만 시험을 치르고 중도 퇴실하는 경우가 많다.

2028학년도 이후 (2027년부터 치르는 수능)

 2023년 교육부에서 2028학년도 입시부터 적용될 통합형 수능 체제를 새롭게 고시했다. 또한 2025년 4월 말에는 국어, 수학, 사회탐구, 과학탐구 영역의 예시문항을 발표했다. 예시문항을 통해 2028학년도 수능의 출제 형태와 경향을 미리 엿볼 수 있지만, 실제 수능의 문항 구성은 일부 달라질 수 있다. 따라서 보다 정확한 경향은 2028학년도 6월 및 9월 모의평가를 참조해야 할 것이다. 여기에서는 예시문항을 바탕으로 영역별 변경 사항을 간략하게 설명한다.

① **국어 영역**
 2022학년도 수능부터 적용되어 온 선택과목이 사라지고 단일한 시험지로 시험을 보게 된다. 출제 범위는 2022개정 교육과정에 따라 '화법과 언어', '독서와 작문', '문학'의 3과목이 된다. 과목의 이름과 내용 구분이 조금 바뀌었을 뿐 전체적으로 학습해야 하는 범위는 크게 다르지 않다.

 예시문항을 살펴보면 총 45문항이 각각 화법과 언어 10문항, 독서와 작문 20문항, 문학 15문항으로 구성되어 있다. 여기서 화법과 언어는 화법 3문항, 문법 4문항, 화법+문법 복합 3문항으로 출제되었다. 다음으로 독서와 작문은 독서 13문항, 작문 3문항, 독서+작문 복합 4문항으로 출제되었다. 마지막으로 문학은 현대시, 현대소설, 고전시가와 수필, 고전소설로 기존과 유사하게 고루 출제되었다.

② 수학 영역

2022학년도 수능부터 적용되어 온 기존의 선택과목이 사라지고 단일한 시험지로 시험을 보게 된다. 출제 범위는 2022개정 교육과정에 따라 '대수', '미적분Ⅰ', '확률과 통계'의 3과목이 된다. 과목명이 바뀌어 헷갈릴 수 있으나 2022개정의 '대수'는 기존의 '수학Ⅰ'과 같고, 2022개정의 '미적분Ⅰ'은 기존의 '수학Ⅱ'와 같다. 사실상 기존 수능의 공통 과목 및 인문계열 학생들이 주로 선택했던 확률과 통계를 편성한 것이다. 이공계열 수학으로 여겨지는 2022개정의 '미적분Ⅱ(기존의 '미적분')'와 기하는 수능 출제 범위에서 빠졌다.

통합형 수능이 됨에 따라 평균적으로 수학을 훨씬 잘하는 이공계열 학생들이 인문계열 학생들과 동일한 시험을 보게 되었다. 따라서 인문계열 학생들의 상대적 불리함이 예상되며 변별력을 위해 고난도 문제가 다수 출제될 것으로 보인다. 실제 예시문항을 살펴보면 대수, 미적분Ⅰ, 확률과 통계를 가리지 않고 고난도 4점 문항이 고루 출제되었으며 출제 스타일에서도 기존과는 일부 다른 점을 확인할 수 있다.

총 문항 수, 배점, 시험 시간은 기존과 동일하나 5지선다형과 단답형 문항의 구성이 변경된다. 1번~21번은 5지선다형, 22~30번은 단답형으로 구성된다. 사실 이는 선택형 수능이 시행되기 이전 형태로 회귀하는 것이다.

③ 영어 영역

기존 수능과 큰 차이는 없다. 출제 과목도 기존과 동일하다. 사실 출제 과목을 신경 쓸 필요가 없는 영역이기도 하다. 다만 예시 문항에서 듣기나 독해 파트의 문제 유형이 바뀌는지 살펴볼 필요는 있다.

④ 한국사 영역

기존 수능과 동일하다. 다만 이 또한 예시 문항에서 출제 경향의 차이가 있는지 살펴볼 필요가 있다.

⑤ 탐구 영역

사탐, 과탐, 직탐에서 모든 선택과목이 사라지고 단일화되었다. 사탐은 '통합사회' 과목으로, 과탐은 '통합과학'으로, 직탐은 '성공적인 직업생활'로 일원화되어 출제된다. 또한 탐구 영역을 응시할 때 사탐·과탐을 선택하면 사탐과 과탐 시험 모두를 쳐야 한다. 즉 기존의 탐구 영역 2과목이 각각 통합사회, 통합과학으로 고정되는 셈이다.

탐구 영역은 출제 내용뿐만 아니라 시험 형식도 바뀌었다. 문항 수가 20문항에서 25문항으로 증가하였고, 시험 시간도 30분에서 40분으로 증가했다. 문항별 배점 또한 바뀌어 기존의 2점, 3점에서 1.5점, 2점, 2.5점으로 나누어졌다. 실제 예시문항을 살펴보면 1.5점 8문항, 2점 9문항, 2.5점 8문항으로 출제된 바 있다.

⑥ 제2외국어/한문 영역

출제 영역은 기존과 동일하나, 시험 형식이 바뀌었다. 기존의 탐구 영역처럼 바뀐다고 이해하면 쉽다. 문항 수가 30문항에서 20문항으로, 시험 시간 또한 40분에서 30분으로 각각 축소된다. 문항별 배점도 1점, 2점에서 2점, 3점으로 바뀐다. 또한 교과편제 개편에 따라 과목명에서 'Ⅰ'이 사라진다는 작은 변화도 있다. 이러한 변화를 정리해 기존 수능과 비교하면 다음과 같다.

< 2028학년도 수능 개편 확정안(요약) >

영역		현행(~2027수능)	개편안(2028수능~)
국어		공통+2과목 중 택1 공통: 독서, 문학 선택: 화법과 작문, 언어와 매체	공통 (화법과 언어, 독서와 작문, 문학)
수학		공통+3과목 중 택1 공통: 수학I, 수학II 선택: 확률과 통계, 미적분, 기하	공통 (대수, 미적분I, 확률과 통계)
영어		공통 (영어I, 영어II)	공통 (영어I, 영어II)
한국사		공통(한국사)	공통 (한국사)
탐구	사회·과학	17과목 중 최대 택2 사회: 9과목 한국지리, 세계지리, 세계사, 동아시아사, 경제, 정치와 법, 사회·문화, 생활과 윤리, 윤리와 사상 과학: 8과목 물리학I, 화학I, 생명과학I, 지구과학I, 물리학II, 화학II, 생명과학II, 지구과학II	사회: 공통 (통합사회) 과학: 공통 (통합과학)
	직업	1과목 : 5과목 중 택1 2과목 : 공통+[1과목] 공통: 성공적인 직업생활 선택: 농업 기초 기술, 공업 일반, 상업 경제, 수산·해운 산업 기초, 인간 발달	공통 (성공적인 직업생활)
제2외국어/한문		9과목 중 택1 제2외국어/한문: 9과목 독일어I, 프랑스어I, 스페인어I, 중국어I, 일본어I, 러시아어I, 아랍어I, 베트남어I, 한문I	9과목 중 택1 제2외국어/한문: 9과목 독일어, 프랑스어, 스페인어, 중국어, 일본어, 러시아어, 아랍어, 베트남어, 한문

(출처: 교육부) ※ 음영표기는 "절대평가" 적용 영역

성적 체계

∗

수능과 모의고사 성적이 산출되는 방식은 기본적으로 동일하다. 다만 교육청 주관 모의고사는 성적표에 많은 정보를 상세하게 기재해 주고, 평가원 주관 모의평가 및 수능은 최소한의 정보만 제공한다는 차이가 있다. 여기서 성적표를 잘 이해하려면 몇 가지 성적 지표를 알아야 한다. 바로 원점수, 표준점수, 백분위, 등급이다.

원점수는 보통 생각하는 시험 점수로, 문항에 표시된 점수에 따라 정답으로 획득한 점수이다. 국어, 수학, 영어 영역은 총 100점 만점이며 한국사, 사회·과학·직업탐구, 제2외국어/한문 영역은 50점 만점이다.

표준점수는 영역 또는 과목 간의 난이도 차이를 반영하기 위해 원점수에 일정한 환산식을 적용해 계산한 점수이다. 예를 들어 어느 해 시험이 국어는 엄청 쉬웠는데 수학은 엄청 어려웠다고 해보자. 이때 두 과목의 점수를 똑같이 취급한다면 더 어려운 수학 시험을 잘 본 학생들에게 불공정하게 작용할 수 있다. 이를 해결하기 위해 같은 원점수라도 더 어려운 시험에서 얻은 점수에 더 높은 가치가 부여되도록 일정하게 보정하는 것이다.

원점수에 따라 바로 등급이 부여되는 절대평가가 적용되는 영어, 한국사, 제2외국어/한문 영역을 제외하고, 다른 영역은 아래와 같이 표준점수를 계산한다. 국어, 수학 영역은 100점을 기준으로 0~200점 범위에서, 탐구 영역은 50점을 기준으로 0~100점 범위에서 산출된다. 계산식 자체는 외울 필요 없으며 참고만 하면 된다.

X: 원점수
m: 전체 원점수 평균
σ: 전체 원점수 표준편차

국어, 수학 : $\dfrac{X-m}{\sigma} \times 20 + 100$

탐구 : $\dfrac{X-m}{\sigma} \times 10 + 50$

표준점수 계산 방법보다 중요한 것은 표준점수를 어떻게 해석하느냐이다. 같은 원점수를 비교했을 때 표준점수가 높아졌다면 전체 학생 원점수 평균이 낮아졌다는 뜻이므로 해당 시험이 어려웠다는 의미다. 반대로 표준점수가 낮아졌다면 같은 원리로 시험이 좀 더 쉬웠다는 뜻이다. 이런 원리로 언론에서 시험 난이도를 보도할 때는 보통 만점이나 1등급컷에 해당하는 표준점수를 기준으로 영역별, 과목별 난이도를 비교한다.

다음으로 백분위는 표준점수를 기준으로 응시자들의 성적을 나열한 다음, 응시자의 상대적 위치를 나타내는 점수이다. 100(%)을 만점으로 하여 자신보다 낮은 점수의 응시자 비율을 보여준다. 예를 들어 백분위가 80이라면 자신보다 성적이 낮은 학생들이 80%라는 뜻이며 자신은 상위 20%라는 뜻이다. 따라서 백분위가 높을수록 다른 학생들보다 시험을 잘 봤다는 뜻이다.

백분위는 상대적 위치를 나타내는 점수이기 때문에 동점자 수에 영향을 받는다. 예를 들어 자신이 국어와 수학 시험에서 원점수로는 모두 만점을 받았더라도, 백분위를 보면 국어는 100, 수학은 96이 나올 수도 있다. 만점인데 백분위가 96이라는 건 자신을 포함해 상위 4% 학생이 모두 만점을 받았다는 뜻이다. 즉 국어보다 수학 만점자가 더 많은 상황이므로 수학 시험이 좀 더 쉬웠거나, 잘 하는 학생들이 몰렸거나, 경쟁이 더 치열했다는 추측을 할 수 있다.

마지막으로 등급은 원점수 또는 표준점수를 기준으로 응시자들의 성적을 나열한 다음, 일정한 기준에 따라 급간을 나눈 것이다. 절대평가 과목은 원점수를 기준으로 10점 또는 5점 단위의 간격으로 1~9등급을 부여한다. 국어, 수학, 탐구 영역 같은 상대평가 과목은 표준점수를 기준으로 일정 백분위 구간에 따라 1~9등급을 부여한다. 예를 들어 상위 4%까지 1등급, 11%까지 2등급, 23%까지 3등급, 40%까지 4등급, 60%까지 5등급, 77%까지 6등급, 89%까지 7등급, 96%까지 8등급, 100%까지 9등급이다.

상대평가에 따른 등급은 학생들이 시험을 전부 잘 보든 못 보든 그 안에서 상대적인 백분위에 따라 결정된다. 그래서 시험의 난이도에 따라 등급을 나누는 구분 점수, 소위 '등급컷'은 달라질 수 있다. 만약 같은 등급의 등급컷이 이전보다 올랐다면 학생들이 평균적으로 문제를 많이 맞췄다는 뜻이므로 해당 시험은 좀 더 쉽게 출제되었다고 볼 수 있다. 반대로 등급컷이 떨어졌다면 시험이 전반적으로 어려웠다고 볼 수 있다. 하지만 꼭 그렇지 않은 경우도 있는데, 시험이 어렵더라도 응시자들의 평균적인 수준이 높다면 등급컷이 전반적으로 높게 나올 수 있다. 반대로 시험이 평이하더라도 응시자들의 역량이 전반적으로 떨어졌다면 등급컷이 낮게 나올 수도 있다. 따라서 등급컷 수치만 보기보다 시험의 맥락을 함께 참고하는 것이 더 정확한 판단에 도움이 된다. 지금까지 설명한 성적 지표 중 표준점수, 백분위, 등급은 시험 결과를 이해하는 데 필요할 뿐만 아니라 그 자체로 대입에 활용되는 전형 요소이기도 하다. 따라서 각각의 뜻을 꼭 기억해두어야 이후 수시와 정시 제도를 이해할 때 헤매지 않는다.

교육청 모의고사

교육청에서 실시하는 모의고사는 본고사 격인 수능을 대비하는 시험이기 때문에 성적표에 많은 정보를 제공한다. 원점수, 표준점수, 백분위, 등급, 응시자 수뿐만 아니라 각 과목 내에서 세부 영역별 득점과 전국 평균, 오답 문항 목록, 문항별 정오표와 정답률 등이 기재되어 있다. 또한 교육청 모의고사는 평가원 시험과 달리 시험 당일 정답 및 해설지를 함께 배부하므로 오답 정리도 수월하다.

교육청 모의고사 성적표를 보면서 자신의 영역별 점수와 등급이 어떤지 확인하고, 오답 문항의 난이도와 단원을 분석하면 자신에게 학습이 더 필요한 부분이 어디인지 파악할 수 있다. 특히 해설지에는 각 문항별로 유형, 출제 단원 등이 나와 있으므로 이를 참고해 보충학습 전략을 수립할 수 있다.

평가원 모의고사, 수능

평가원에서 배부하는 모의평가와 수능 성적표는 매우 단순하다. 영역별 표준점수, 백분위, 등급, 응시자 수만 기재된다. 또한 정답표만 제공되고 해설지는 없다. 그래서 평가원 모의평가가 교육청 모의고사보다 더욱 중요함에도 불구하고 혼자서는 분석하고 복습하기 쉽지 않다. 하지만 EBS나 사설 교육 기관에서 모의평가 해설을 올려주기 때문에 오답 복습을 할 때는 이를 이용하면 된다.

여담으로, 선택과목이 있는 2027학년도 수능까지는 과목별 유불리가 매번 논란이 되고 있다. 그 이유는 국어에서는 '언어와 매체', '화법과 작문' 사이의, 수학에서는 '미적분', '확률과 통계', '기하' 사이의 표준점수에 차이가 있기 때문이다. 만점 또는 1등급 기준 등 같은 원점수라 하더라도 어떤 과목을 선택했는지에 따라 표준점수가 다르게 나오기 때문이다. 현재는 주로 '언어와 매체'가 '화법과 작문' 선택자보다 표준점수가 높게 나오고, '미적분'이 '확률과 통계' 선택자보다 높게 나오는 편이다.

이로 인해 시험의 공정성 문제 또는 '이과의 문과 침공'으로 불리는 입시에서의 계열별 유불리 현상이 문제로 지적된다. 교육과정상 문·

이과 구분이 사라졌다지만 아직도 그 경향성은 남아있기 때문이다. 이과는 보통 수학 역량이 더 높고 학교 수업에서 미적분을 학습하기 때문에 문과에 비해 미적분을 선택할 가능성이 더 높다. 이로 인해 대부분 확률과 통계를 선택하는 문과보다 더 유리한 표준점수를 바탕으로 인문계열 학과에 지원하면, 그만큼 경쟁이 치열해져 문과 학생들의 합격 가능성이 떨어진다고 보기 때문이다. 평가원에서는 이런 유불리를 해소하기 위해 계산 시 공통과목을 활용한 점수 조정을 한다고 발표했지만 모든 논란을 잠재우지는 못한 듯하다. 2028학년도부터의 수능 개편안이 '통합형'에 초점을 맞춘 이유도 이런 점 때문이라 할 수 있다.

한편 탐구 과목에서도 과목별 유불리가 일부 고려되기도 한다. 이쪽은 표준점수보다는 주로 응시자 수 때문인 경우가 많다. 사탐에서는 생활과 윤리, 사회·문화 과목이 응시자가 현저하게 많으며 경제, 세계사가 가장 응시자가 적다. 과탐에서는 지구과학Ⅰ, 생명과학Ⅰ, 화학Ⅰ, 물리학Ⅰ 순으로 응시자가 많으며 Ⅱ과목은 응시자가 거의 없다. 이러한 응시자 수의 분포는 해당 과목의 난이도나 학생들의 선호도 때문에 나타나는데, 좀 더 흥미롭거나 쉽게 느껴지는 과목에 학생들이 몰리는 편이다.

응시자가 많을수록 같은 등급 구간에 들어갈 수 있는 사람 수가 많아지기 때문에 자신의 등급을 유지하는 데 도움이 될 수 있다. 하지만 자신에게 할만하다는 것은 남에게도 그렇다는 뜻이기에 경쟁은 더 치열해질 수 있다. 반대로 과탐의 경우 Ⅱ과목을 선택하면 정시에서 가산점을 주는 대학도 일부 있지만, Ⅱ과목을 공부하는 것 자체가 쉽지 않아서 선뜻 선택하기 어렵다. 심지어 내용이 쉽게 느껴지든 어렵게 느껴지든 상위권 수험생들의 수준은 거의 비슷하기 때문에 어떤 과목이든 1등급을 받는 것은 어렵다. 즉 쉬운 과목은 실수하지 않아야 하기 때문에 힘들고, 어려운 과목은 문제를 푸는 것 자체가 힘들기 때문에 일장일단이 있다.

  개인적 의견으로는 어떤 과목이든 잘할 자신이 있는 상위권이 아니라면 자신이 가장 자신 있는 과목을 선택하는 것이 가장 나을 것으로 보인다. 실력이 서로 엇비슷한 최상위권 학생들에게는 시스템적 유불리가 영향을 미치는 정도가 더욱 클 것이다. 하지만 하위권에서 중위권, 최대 중상위권까지는 시스템적 유불리 이전에 자신이 선택한 과목에서 최대한의 득점을 얻어내는 기본기를 다지는 것이 더 도움이 될 것이기 때문이다. 수학은 어느 정도 문·이과 경향성이 있다손 치더라도 국어, 탐구 영역의 선택과목을 고를 때는 자신이 보다 흥미를 가질 수 있고 학습 효율이 좋은 과목을 우선하는 것이 좋겠다.

TEST 2장. 수능 제도 파악하기

01. 다음 중 대학수학능력시험(수능)과 모의평가를 출제하는 기관은 어디인가?

① 시·도교육청
② 한국교육과정평가원
③ 한국대학교육협의회
④ 교육부
⑤ 각 대학 입학처

02. 고등학교 1, 2학년 학생들이 매년 치르는 전국연합학력평가(학평)를 주관하는 기관은 어디인가?

① 시·도교육청
② 한국교육과정평가원
③ 한국대학교육협의회
④ 교육부
⑤ 각 대학 입학처

03. 수능을 포함한 대입 정책의 틀이 발표되는 일반적인 순서로 옳은 것은?

① 교육부 → 각 대학 → 대교협
② 대교협 → 교육부 → 각 대학
③ 교육부 → 대교협 → 각 대학
④ 각 대학 → 대교협 → 교육부
⑤ 대교협 → 각 대학 → 교육부

04. **수능 국어 영역에 대한 설명으로 옳지 않은 것은?**

① 총 45문항으로 구성되며, 모든 문항이 2점과 3점으로 이루어진다.
② 2028학년도 이전 수능 기준 화법과 작문, 언어와 매체 중 한 과목을 선택할 수 있다.
③ 2028학년도 수능부터의 출제 과목은 문학, 화법과 언어, 독서와 작문이다.
④ 문학 과목에서는 현대시, 현대소설이 주로 출제되며 고전문학 작품은 제외된다.
⑤ 시험 시간은 2028학년도 수능 이전과 이후 모두 80분으로 동일하다.

05. **수능 수학 영역에 대한 설명으로 옳은 것은?**

① 시험 시간은 100분이며 총 45문항으로 구성된다.
② 2028학년도 이전 수능 기준 확률과 통계, 미적분 중 한 과목을 선택할 수 있다.
③ 2028학년도 수능부터의 출제 과목은 대수, 미적분Ⅰ, 확률과 통계이다.
④ 2028학년도 수능부터 출제되는 미적분은 초월함수까지 포함할 예정이다.
⑤ 2028학년도 수능부터는 로그함수와 삼각함수는 제외될 예정이다.

06. **수능 한국사 영역에 대한 설명으로 틀린 것은?**

① 시험 시간은 30분이며 총 20문항이다.
② 40점 이상이면 1등급을 받는다.
③ 과거 탐구 영역 선택 과목 중 하나였으나 2017학년도부터 독립되었다.
④ 현재는 한국사를 응시하지 않으면 다른 영역 성적도 무효 처리된다.
⑤ 전근대사의 비중이 근현대사보다 훨씬 높게 출제된다.

TEST 2장. 수능 제도 파악하기

07. 2028학년도 이전(2026년까지 치르는 수능)의 수능에 대한 설명으로 옳은 것은?

① 국어, 수학, 제2외국어/한문 영역은 모두 상대평가 과목이다.
② 영어와 한국사는 원점수를 기반으로 등급을 산출한다.
③ 원점수 기준 한국사 영역은 50점 만점이지만 탐구 영역은 과목별로 100점 만점이다.
④ 한국사 영역과 제2외국어/한문 영역의 1등급 기준은 동일하다.
⑤ 탐구 영역을 응시할 때는 반드시 사회탐구 2과목 또는 과학탐구 2과목으로 응시해야 한다.

08. 2028학년도 이후 수능 개편안에서 탐구 영역의 변화로 옳은 것은?

① 직업탐구는 사회탐구 및 과학탐구와 달리 선택과목이 기존처럼 유지된다.
② 사회탐구는 '통합사회' 과목으로, 과학탐구는 '통합과학'으로 단일화된다.
③ 탐구 영역 응시 시 사회탐구와 과학탐구 중 하나만 선택하여 응시할 수 있다.
④ 문항 수가 20문항에서 15문항으로 감소한다.
⑤ 시험 시간은 기존과 동일하게 30분이다.

09. 표준점수에 대한 설명으로 옳은 것은?

① 같은 시험에서 원점수가 높아지면 표준점수는 낮아진다.
② 시험이 어려우면 같은 원점수라도 표준점수가 낮아지는 경향이 있다.
③ 영역 또는 과목 간의 난이도 차이를 반영하기 위해 사용한다.
④ 영어, 한국사 영역은 원점수가 아닌 표준점수를 기준으로 등급을 부여한다.
⑤ 국어, 수학 영역은 0~100점 범위에서 산출된다.

10. 백분위에 대한 설명으로 가장 적절한 것은?

① 원점수를 기준으로 응시자들의 절대적 위치를 나타내는 점수이다.
② 자신보다 성적이 낮은 학생들의 비율을 보여주는 지표이다.
③ 이론상 만점을 받으면 백분위는 100으로 고정된다.
④ 계산 방식의 특성상 동점자 수에 영향을 받지 않는다.
⑤ 백분위가 96이라는 것은 상위 96%를 의미한다.

3장

수시, 알고 보면 패턴이 있다

수시의 3종류 : 학생부, 논술, 실기/실적

＊

대입은 크게 수시와 정시로 나누어 진행된다. 수시는 보통 9월에 모집을 시작하고, 정시는 수시 전형이 모두 끝난 뒤인 12월 말 즈음에 모집을 시작한다. 전체 모집인원으로 보면 수시의 비중이 정시보다 훨씬 높으며 대략 7:3 정도이다. 최근에는 수시모집 인원이 점점 늘어나 약 80% 가까이 올라가고 있다. 그만큼 대입에서 수시의 중요성은 매우 크다. 여기서는 수시 전형의 기본적인 개념에 대해 알아보고, 수시 전형을 이해하기 위한 몇 가지 구체적인 정보를 다루고자 한다.

수시가 엄청 다양하고 복잡해서 어렵다는 말이 많이 나온다. 일정 부분 사실이다. 대학교별로 자신들이 원하는 선발 기준을 다양하게 잡기 때문이다. 하지만 이를 구성하는 요소들은 한정적이다. 각각의 요소를 어떤 비율과 방식으로 반영해 선발하느냐에 따라 다양한 종류의 전형이 나오는 것이다.

각 대학별 모집요강을 보면 이름이 무척 다양하지만, 본질적으로 분류하면 수시는 크게 3가지로 나눌 수 있다. 바로 학생부위주, 논술위주, 실기/실적위주이다. '○○위주'라 함은 '○○'이 해당 전형 요소 중 가장 큰 비율로 반영된다는 뜻이다. 즉 학생부위주 전형은 학생부 내용이 가장 비중 높게 반영되고, 논술위주 전형은 논술 점수가 가장 크게 반영되는 전형이다. 대학별 모집요강에서 전형 이름만으로는 내용을 추측하기 어렵더라도 전형 요소를 살펴보면 본질적으로 무엇을 위주로 한 전형인지 금방 파악할 수 있다.

2025학년도를 기준으로 수시 모집 인원의 86%가 학생부위주 전형으로 선발되고, 논술위주는 4.15%, 실기/실적 위주는 8.3% 정도이다. 거의 대부분이 학생부위주 전형이기 때문에 따로 논술이나 실기를 준비하지 않는 이상 학생부 관리가 수시의 거의 모든 것이라 해도 과언이 아니다.

학생부위주

학생부위주 전형은 크게 학생부교과와 학생부종합으로 나뉜다. 흔히 말하는 '학종'이 바로 학생부종합전형을 줄여 부르는 것이다. 둘의 공통점은 학생부를 중심적으로 반영한다는 것이고, 차이점은 학생부 내용 중 어느 영역을 보는가이다. 학생부교과는 교과 성적을 주로 반영한다. 숫자로 계산되는 내신 성적이 가장 크게 영향을 미친다. 반면 학생부종합은 '서류'라는 이름의 전형 요소로써 학생부를 전반적으로 반영한다. 즉 교과와 비교과를 모두 보고 평가한다.

학종에 대해 흔히 하는 착각은 학종이 비교과를 보기 때문에 내신이 좀 부족해도 괜찮을 것이라는 생각이다. 그러나 그렇지 않다. 내신은 학생부위주 전형에서 공통적으로 우위를 갖는 요소이다. 교과 성적은 학생의 기본적인 학업능력, 성실성, 전공적합성 등을 평가하는 중요한 근거가 되기 때문이다. 다만 학종은 정량적인 교과 성적만이 아닌 정성적인 비교과 영역을 더해 종합적인 평가를 한다는 점에서 다르다.

학생부교과전형은 대부분 교과 100%로 구성된다. 그런데 전형 점수를 계산하는 구체적인 방식은 대학마다 차이가 있다. 반영하는 교과 범위가 전 교과일수도 있고 주요 교과만일 수도 있다. 반영 교과의 모든 과목을 계산할 수도 있고 몇 개만 뽑아 계산할 수도 있다. 등급별 환산 점수도 대학마다 다르게 설정한다. 그래서 같은 성적이어도 모든 대학에서 똑같이 평가되지는 않는다. 그나마 대학별로 모집요강에 교과 성적 계산식을 공시하기 때문에 궁금하다면 지원 전에 직접 계산해 볼 수 있다. 일부 친절한 대학들은 자기 성적을 입력만 하면 알아서 전형 점수를 계산해주는 시스템을 제공하기도 한다. 그럼에도 불구하고 대학이 워낙 많기에 자신의 교과 성적이 최대한 유리하게 계산될 수 있는 대학을 찾는 일은 여간 골치 아픈 일이 아니다.

<교과 영역 반영과목 및 비율>

계열	공통과목 및 일반선택과목 점수		진로선택과목 점수	
	반영과목	교과성적 활용척도	반영과목	교과성적 활용척도
자율전공학부 자유전공학부 인문·자연	국어, 영어, 수학, 사회, 과학, 한국사 교과별 전체 과목	석차등급	국어, 영어, 수학, 사회, 과학 교과 중 상위 3개 과목	성취도 (성취평가 등급)
예술·체육	국어, 영어 교과별 전체 과목		국어, 영어 교과 중 상위 3개 과목	
반영비율	80%		20%	

<교과 영역 석차 등급 및 성취도(성취평가 등급) 점수표(100점 만점 기준)>

전형	석차 등급									성취도(성취평가 등급)		
	1등급	2등급	3등급	4등급	5등급	6등급	7등급	8등급	9등급	A	B	C
학생부교과(지역균형전형)	100점	96점	89점	77점	60점	40점	23점	11점	0점	100점	80점	60점
학생부종합(기회균형전형Ⅰ) 학생부종합(기회균형전형Ⅱ) 실기우수자전형(한국화·회화·조소, 한국무용·현대무용·발레, 디자인·도예, PostModern음악, 연극·뮤지컬 연기)	100점	99점	97점	94점	90점	85점	73점	49점	0점	100점	80점	60점
실기우수자전형(체육)	100점	99점	98점	97점	96점	95점	94점	93점	90점	100점	80점	60점

*예시: 2026학년도 경희대 수시 모집요강 中

한편 학생부교과전형이라고 해도 경우에 따라 전형 요소에 정성평가를 일부 포함하기도 한다. 고려대를 필두로 성균관대, 한양대, 경희대, 서울시립대, 건국대, 동국대가 여기에 해당한다. 정량적인 교과 성적에 더해 학생부 전체를 보거나, '교과 정성평가'라는 이름으로 '교과학습발달상황'만을 반영하기도 한다. 여기서 교과학습발달상황을 본다는 건 학생의 교과 이수 목록과 세특을 보겠다는 뜻이다. 서류 반영 영역과 구체적인 반영 비율은 대학별·전형별로 다르기 때문에 반드시 해당 대학의 모집요강을 직접 확인해야 한다.

학생부종합전형은 크게 2가지 방식으로 나뉜다. 하나는 서류 100%만으로 선발하는 서류형이고, 다른 하나는 1단계에서 서류평가로 걸러낸 뒤 2단계에서 면접고사를 실시해 두 점수를 합산하는 면접형이다. 여기서 서류와 면접 점수 비중은 대학마다 차이가 있다.

먼저 서류평가는 교과전형과 다르게 정성평가로 진행된다. 그래서 내신 성적처럼 일정한 공식에 따라 전형 점수를 계산하거나 예측할 수 없다. 그러나 모든 대학이 모집요강에 서류 평가 영역과 기준을 제시하고 있다. 영역별 비중과 평가 기준은 학교마다 조금씩 다르지만, 대부분 '학업역량', '진로역량', '공동체역량'의 3가지로 구성된다. 학업역량은 대학 수준의 교육을 제대로 이수하기 위해 필요한 학습 능력을 의미하며, 진로역량은 자신의 희망 전공(계열)에 대해 깊고 넓게 탐색하기 위해 얼마나 노력하고 실행했는지를 의미한다. 공동체역량은 공동체의 일원으로서 타인과 원활하게 상호작용하고 조화로운 관계를 유지할 수 있는지를 의미한다고 보면 된다. 이 역량들을 큰 범주로 두고 대학마다 조금씩 변주(變奏)하여 평가 기준을 마련한다. 그렇다면 대학마다의 차이점은 어떻게 확인할까? 학교와 학과 홈페이지의 인재상 그리고 모집요강을 참고하면 된다.

<학과(부)별 모집>

평가요소	배점	평가항목
학업역량	300점	학업성취도 학업태도 탐구력
진로역량	400점	전공(계열) 관련 교과 이수 노력 전공(계열) 관련 교과 성취도 진로 탐색 활동과 경험
공동체역량	300점	협업과 소통능력 나눔과 배려 성실성과 규칙 준수 리더십
합계		1000점

*예시: 2026학년도 건국대 수시 모집요강 中

면접고사는 서류의 내용을 검증하거나 추가적인 평가를 위해 진행하는데, 크게 서류 기반 면접과 제시문 기반 면접으로 나누어 볼 수 있다. 서류 기반 면접은 1단계에서 제출한 서류의 내용 또는 기타 추가 질문을 통해 면접자의 각종 역량을 평가한다. 서류에 대한 검증 질문 또는 추가 질문이 주로 제시된다. 제시문 기반 면접은 면접 시 제시문이 주어지고, 이에 대한 질문을 중심으로 면접자의 학업 역량 등을 평가한다. 제시문을 읽고 특정 지시를 이행하거나 자신의 생각을 이야기하는 등의 질문이 제시된다. 다만 제시문 기반 면접에서도 필요에 따라 서류 기반 질문이 제시될 수 있다. 특이 케이스로 의학대학 및 일부 메디컬 계열[6] 학과에서는 'MMI'라는 강화된 형태의 면접이 진행된다. MMI란 'Multiple Mini Interviews(다중미니면접)'의 약자로, 여러 번의 짧은 면접을 연속적으로 진행해 지원자의 학업 역량, 전공 관련 적성, 인성 등을 다면적으로 평가하는 고난도의 면접이다.

대부분의 대학·학과에서 실시하는 면접은 서류 기반 면접이다. 제시문 기반 면접은 서울대·연세대·고려대 등 최상위권 대학 및 MMI를 실시하지 않는 메디컬 계열 학과들이 주로 진행한다. 당연히 면접 준비 난이도는 'MMI 〉 제시문 기반 면접 〉 서류 기반 면접' 순이며, 면접 준비 방식도 서로 다르다. 그래서 면접 대비를 위해 학원을 찾다보면 면접 종류에 따라 수업료가 다르게 책정되어 있음을 확인할 수 있을 것이다.

---

[6] 일반적으로 입시 현장에서 메디컬 계열이라 하면 '의학, 치의학, 한의학, 약학, 수의학'을 의미한다. 간호학과는 MMI를 실시하지 않고 위 5개 학과와 합격선이 달라 메디컬 계열로 묶이지 않는다. 다만 예외적으로 서울대는 2026학년도부터 간호대학도 MMI를 실시한다고 발표했다.

학생부위주 전형에는 수능 최저학력기준, 소위 '최저등급컷'이 존재한다. 내신이 아무리 좋아도 수능 최저학력기준을 만족하지 못하면 탈락하게 되니 절대 무시할 수 없는 요소이다. 그런데 실제 입시 현장에서 최저등급컷을 만족하지 못하는 경우가 생각보다 많다. 그래서 수능 최저학력기준이 설정된 전형은 서류상 경쟁률에 비해 실질 경쟁률이 더 낮게 잡힌다. 즉 모의고사(수능) 점수에 자신이 있다면 최저등급컷이 걸린 전형에 지원해 경쟁자 수를 줄이는 선택도 할 수 있다. 수능을 잘 볼 수 있으면 수능 최저학력기준을 원활하게 통과할 수 있을 뿐만 아니라 지원 전략을 짤 때도 남들보다 선택권이 넓어지는 것이다.

수능 최저학력기준은 대부분 학생부교과전형에 많이 적용된다. 학생부종합전형에는 적용되지 않는 경우가 많다. 그러나 간혹 교과전형에도 적용되지 않는 경우가 있고, 종합전형에도 적용되는 경우가 있으므로 반드시 대학별 모집요강을 잘 살펴봐야 한다. 특히 메디컬 계열은 교과/종합 가릴 것 없이 매우 높은 최저등급컷을 설정한다는 점 또한 알아야 한다. 수능 점수를 높게 받을수록 대입에서 할 수 있는 것이 많아지므로 수시든 정시든 수능 대비는 필수다. 최저학력기준에 대해서는 뒤에서 더 자세히 설명하겠다.

논술위주

논술위주 전형은 논술시험의 점수가 가장 큰 비중을 차지하는 전형이다. 깔끔하게 논술 100%로 진행하는 경우도 있지만 많은 경우 논술과 학생부 교과 성적을 함께 반영한다. 하지만 실질적으로는 논술 점수로 당락이 결정된다고 볼 수 있다. 왜냐하면 교과 성적을 반영할 때 내신 등급별 점수 급간을 아주 작게 만들면 논술 시험에서의 부분 점수 등으로 상당히 만회할 수 있기 때문이다. 물론 내신이 너무 낮으면 따라잡기 어렵겠지만 근소한 차이는 논술 점수로 뛰어넘을 수 있다.

논술은 형식에 따라서 크게 두 가지로 구분해 볼 수 있다. 긴 제시문을 읽고 길게 답을 쓰는 일반 논술과, 여러 문제를 풀며 짧게 답하는 약술형 논술이다. 원래 논술 전형이 등장했을 때는 일반 논술 한 가지만 있었다. 계열별로 약간의 차이는 있지만 인문계 논술은 여러 개의 글을 읽고 몇백 자에서 천몇백 자의 답안을 써야 하는 형태고, 자연계 논술은 복합적인 수학·과학 문제가 출제되고 이에 대한 풀이과정을 서술하는 형태다. 다만 요즘은 인문계 논술에서도 대학에 따라 복합적인 제시문이 나오기도 한다. 기본적인 줄글뿐만 아니라 도표·그래프 또는 수학 문제가 함께 출제되기도 하고, 영어 제시문이 활용되기도 한다.

약술형 논술은 교과논술이라고도 하며 비교적 최근에 등장한 형태이다. 과거에 존재했던 '적성고사'가 폐지되면서 이를 대체하는 수단으로 자리 잡았다. 적성고사는 정해진 짧은 시간 동안 비교적 쉬운 문제를 최대한 많이 푸는 방식으로 진행되었다. 이에 영향을 받은 것인지는 몰라도 약술형 논술 또한 이름은 논술이지만 실제로는 여러 문항을 '빠르게' 푸는 것이 핵심이다. 예를 들면 80분 동안 국어와 수학 과목의 15문항을 푸는 식이다. 그래서 평균적인 답변의 길이가 길지 않다. 오히려 일반 논술보다는 내신 시험의 서답형 문제와 더욱 비슷하다고 할 수 있다.

과거에는 논술 시험이 매우 어렵다고 알려졌으나 사교육 조장 논란으로 인해 출제 범위를 교육과정 내에서 한정하도록 교육 당국이 지속적으로 규제 및 감독하고 있다. 또한 일반 논술은 대체로 내신 1~2등급대가 지원하는 상위권 대학을 중심으로 실시되고, 약술형 논술은 내신 3~6등급대가 주로 지원하는 중위권 대학을 중심으로 실시된다. 자신의 수준과 대학별 논술 유형, 문제의 수준을 살펴보고 자신이 도전할 만한 유형을 선택하여 집중적으로 대비하는 것을 권한다.

마지막으로 논술위주 전형 또한 수능 최저학력기준이 존재한다. 적용하지 않는 곳도 일부 있지만 대부분은 적용하므로 지원 대학의 요강을 꼼꼼히 살펴야 한다. 조금 낮더라도 합산할 때까지 결과를 알 수 없는 학생부 교과 성적과 달리 수능 최저학력기준은 미달 시 논술을 아무리 잘 봐도 탈락한다.

실기/실적 위주

 실기/실적 위주 전형은 실기/실적 점수가 가장 큰 비중을 차지하는 전형이다. 실기 점수는 대학에서 전형 기간 동안 실시하는 실기 시험에서 얻는 점수이고, 실적 점수는 고등학교 재학 동안 각종 대회에 참가하여 수상을 한 실적을 대학별 기준에 따라 반영하는 점수이다. 이름에서부터 알 수 있듯이 대부분 예체능 계열을 위한 전형이라 할 수 있다. 흔히 말하는 각종 '특기자 전형'도 여기에 속하는데, 특기자 전형은 교육부 방침에 따라서 점차 줄어들고 있다.

 실기/실적 위주 전형도 논술위주 전형처럼 전형 요소에 학생부를 포함하는 경우가 많다. 하지만 실질적으로 실기/실적 점수가 가장 중요하며 학생부 성적은 반영 비율도 낮을뿐더러 영향력도 낮다. 또한 실기/실적 위주 전형은 대부분 수능 최저학력기준을 적용하지 않는다. 다른 모집 단위에 비해 전공별 능력의 중요성이 훨씬 크기 때문인 듯

하다. 그러나 상위권으로 올라갈수록 소수지만 최저학력기준이 적용되는 경우가 있으므로, 반드시 지원 대학의 모집요강을 체크해야 한다.

서두에도 언급했지만 ○○위주 전형이라 함은 '○○'이 가장 높은 비율로 반영된다는 뜻이지, 다른 요소를 모두 배제한다는 뜻이 아니다. 그래서 논술위주 전형이나 실기/실적위주 전형에서 교과 성적 또는 서류를 보기도 하고, 학생부교과전형에서 일부 서류평가를 포함할 수도 있다. 심지어 학생부위주 전형임에도 논술고사를 일부 반영하는 경우도 있었다. 물론 이런 경우는 예외적인 수준으로 매우 드물지만, 결국 논술고사보다 학생부 반영 비중이 훨씬 높아 그렇게 분류된 것이다.

따라서 모집요강을 볼 때 전형 분류만 보지 말고 반드시 구체적인 과정과 세부 요소를 꼼꼼히 파악한 다음, 대학별로도 구분하여 빠뜨리는 요소가 없도록 해야 한다. 사실 수시 준비를 하다보면 하나의 전형 자체를 이해하는 것보다 여러 학교의 전형 정보를 비교·분석하는 일이 더 어렵고 복잡하기 때문이다.

수시에서 알아야 할 사항

*

최저학력기준

 앞에서도 언급했지만 수시에는 '최저학력기준'이 존재한다. 교과 성적, 논술, 실기/실적 등 특정 전형 요소의 반영 비율이 대부분을 차지하는 경우 이를 보조하기 위한 수단으로 사용된다. 최저학력기준은 수능 성적 또는 학생부 내신 성적으로 설정할 수 있는데, 학생부 최저학력기준은 대부분 예체능 계열의 일부 모집 단위에 적용되고 있다. 그래서 더 보편적으로 사용되며 많은 사람에게 익숙한 최저학력기준은 수능 성적이다.

수시에서 수능 최저학력기준은 특정 점수가 아닌 등급으로만 설정할 수 있다. 하지만 구체적인 기준과 반영 방식은 대학별로 다르며 같은 대학 안에서도 전공·전형별로 다를 수 있다. 따라서 희망 대학, 전공, 전형을 모두 고려하며 모집 요강을 살펴보아야 한다. 당연하겠지만 상위권 대학일수록 요구치가 높고 중·하위권 대학일수록 기준이 완화된다.

　예를 들면 '국어, 수학, 탐구 과목 가운데 2개 과목의 등급 합 6 이내'와 같이 제시될 수 있다. 여기에서 등급 합을 계산할 수 있는 과목에 영어를 포함하기도 하고, 영어만 분리해 별도 기준을 설정하기도 한다. 탐구 영역의 경우 선택한 2과목 중 성적이 더 높은 1과목으로 반영하는 경우도 있고, 선택한 2과목의 평균 등급을 내서 반영하는 경우도 있다. 이중 후자가 더 어렵기 때문에 변별력을 높이고 싶은 대학 또는 메디컬 계열은 후자로 설정하는 편이다. 대신 '등급'만 맞추면 되기 때문에 꼭 희망 전공과 관련 있는 과목을 고를 필요는 없다. 등급을 잘 받을 자신 있는 과목으로 고르면 된다. 한편 한국사 영역에 대해서도 따로 최저등급컷을 설정하기도 한다. 한국사는 절대평가이면서 문제가 쉽게 출제되기에 등급 확보가 다른 영역보다 현저하게 쉽다. 그런 만큼 방심하여 놓치는 경우는 결코 있어서는 안 된다.

이처럼 절대평가인 영어, 한국사 영역은 상대평가인 국어, 수학, 탐구 영역과 분리되어 따로 최저학력기준이 설정되는 경우가 종종 있다. 그 수준은 대학에 따라 차이가 있으나 영어는 2~3등급 이상, 한국사는 4등급 이상을 안정적으로 받을 수 있다면 문제될 일은 거의 없을 것이다.

수능 최저학력기준이 설정될 경우 여기에 더해 '수능 응시영역기준'도 함께 설정된다. 이는 크게 두 가지 의미로 나누어 설정된다. 첫 번째는 성적과 관계없이 해당 영역을 반드시 응시해 시험을 쳐야 한다는 뜻이다. 예를 들면 '국어, 수학, 영어, 한국사, 탐구 영역 응시'와 같이 주어진다. 이런 기준이 있는 이유는 현재 수능이 원서 접수 시 한국사를 제외한 모든 영역마다 응시 여부를 선택할 수 있기 때문이다. 그래서 만약 수학이 중요하지 않은 예체능 계열 학생은 수학 영역 자체를 응시하지 않고 국어, 영어, 한국사, 탐구 영역만 선택해 응시할 수 있다. 하지만 인문/이공계열의 경우 수능 응시영역기준이 보통 국어부터 탐구 영역까지 모두 포함된다. 심지어 2025학년도 기준 서울대의 경우 인문계열 학과는 제2외국어/한문 영역까지 반드시 응시해야 한다. 간혹 최저학력기준 달성을 위해 소수 과목만을 선택적으로 공부하는 학생들이 있는데, 최저등급컷 계산에 활용하지 않는다고 응시 자체를 안 해버리면 응시영역기준으로 인해 탈락할 수 있다. 그러니 당연해 보여도 결코 간과해선 안 된다.

　수능 응시영역기준의 두 번째 뜻은 선택과목이 있는 영역에서 특정 과목을 반드시 선택해야 한다는 것이다. 예를 들면 '수학 선택 – 미적분, 기하 중 택1'과 같이 주어진다. 보통 예체능과 인문계열은 선택과목에 거의 제한이 없지만 이공계열은 수학 영역에서 미적분 또는 기하, 탐구 영역에서는 상위권 학교 또는 메디컬 계열일수록 과학탐구 과목들로만 응시영역을 제한하는 경향이 있다.

　수능 응시영역기준은 계열별로 큰 경향이 거의 정해져 있기 때문에 최저학력기준처럼 다양하게 나뉘지는 않아 파악하고 기억하기 쉽다. 또한 2028학년도 대입부터는 수능이 선택과목 없는 통합형으로 바뀌기 때문에 수능 응시영역기준도 더 간단해질 가능성이 높다. 대신 그때는 상위권 대학으로 갈수록 또 다른 세부적인 기준이 추가될 수 있으므로 추후에 발표될 대입전형 시행계획 등을 잘 살펴봐야 한다.

지원 횟수 제한

　수시는 6번의 지원 횟수 제한이 있다. 약 10여 년 전부터 시작된 이

제도로 인해 수시 지원을 할 때는 전략적인 선택이 필요하다. 자신의 성적과 합격 가능성을 저울질하며 소위 소신(상향) 지원, 적정 지원, 안정(하향) 지원 여부를 따져봐야 한다. 여기서 소신·적정·안정의 기준은 보통 이전 입시결과(입결) 데이터를 참고하지만, 전문가마다 판단하는 방식이 조금씩 다를 수 있다. 다만 대체로 소신 지원은 자신의 성적만으로는 가능성이 높지 않지만 외부 환경 변화에 따라 합격도 노릴 수 있는 경우, 적정 지원은 자신의 성적대에서 많이 지원하며 각종 조건을 안정적으로 맞출 수 있는 경우, 안정 지원은 큰 이변이 있지 않는 한 합격이 거의 확실해 보이는 경우 정도로 분류할 수 있다. 수시는 어디를 붙느냐도 중요하지만 붙느냐 안 붙느냐도 중요하다. 왜냐하면 수시에서 어느 한 대학이라도 합격하게 되면 정시 지원이 불가능하기 때문이다. 보통은 수시가 정시보다 더 높은 학교에 지원하기 유리하기 때문에 수시에서 어느 곳이라도 합격한다면 정시에 미련을 가질 일이 별로 없다. 하지만 그렇지 않은 경우가 일부 있다.

> ① 별로 가고 싶지는 않은 대학을 보험 삼아 안정 지원했는데, 소신·적정 지원은 모두 떨어지고 안정 지원만 붙은 경우
>
> ② 수능 응시 전에 최종 합격 발표가 나는 전형에 지원해 합격했는데, 수능 성적이 생각보다 잘 나와 합격한 대학보다 더 높은 대학을 쓸 수 있었던 경우

두 경우 모두 이미 수시에 합격한 상태이기 때문에 정시를 쓸 수 없는 상황이다. 일단 합격 발표가 나면 일부러 통보를 회피하거나 취소를 하더라도 정시는 쓸 수 없다. 특히 ②번 같은 경우는 '수시 납치'라는 은어로 불린다. 정시로 더 좋은 대학을 갈 수 있는 조건이 되었는데 수시에 합격'해 버려서' 그러지 못하게 된 상황을 가리킨다. 주로 수시 성적과 정시 성적에 큰 차이가 나지 않는 상위권 학생들 또는 안정 지원 대학과 원하는 대학의 차이가 컸던 학생들 사이에서 회자되는 말이다.

이런 경우 정 다른 대학에 가고 싶다면 아예 입학을 포기하고 재수를 하거나, 우선 한 학기 정도 다니고 휴학을 한 뒤 반수를 하는 방법이 있다. 대학 입장에서는 유쾌한 상황이 아니겠지만 실제로 이런 방식으로 대학 입학을 미루거나 1년 만에 대학에서 인원이 유출되는 경우가 빈번하다. 또는 ②번의 상황을 미연에 방지하기 위해 수시 지원 시 전형 일정이 수능 이후에도 이어지는 것을 선택하는 방법이 있다. 예컨대 1단계 일정이 수능 전이고, 2단계 일정이 수능 후에 있는 전형을 선택하는 것이다. 이 경우 1단계를 통과하더라도 수능을 예상보다 훨씬 잘 봤다면 2단계 일정에 불참함으로써 불합격 처리를 받아 정시 지원 기회를 확보할 수 있다.

한편 수시의 6회 지원 제한에 해당하지 않는 대학들이 있다. 특별법에 따라 설치된 대학, 전문대학, 산업대학, 예술대학, 사이버대학교 등이 여기에 해당한다. 특별법에 따라 설치된 대학에는 경찰대와 사관학교(육사, 해사, 공사, 국군간호사), 각종 과학기술원(KAIST, GIST, DGIST, UNIST, KENTECH) 등이 있다. 이 학교들에는 지원을 하더라도 수시 지원 횟수에 포함되지 않기 때문에 소신껏 지원을 할 수 있다. 참고로 과학기술원과 이름이 유사한 POSTECH(포항공대)는 과학기술원이 아니라 일반 대학임을 유의해야 한다.

여담으로 경찰대 및 사관학교는 경찰 또는 군 장교가 되고자 지원하는 사람들도 많지만, 1차 필기시험이 수능 혹은 그 이상의 난이도인 것으로 유명하기 때문에 상위권 학생들이 필기시험을 수능 연습 경험으로 삼기 위해 지원하기도 한다. 그리고 KAIST(한국과학기술원), GIST(광주과학기술원), DGIST(대구경북과학기술원), UNIST(울산과학기술원), KENTECH(한국에너지공과대학교)는 수시 지원 횟수에 포함되지 않는다는 점을 차치하더라도 이 학교들 자체가 이공계에서 최상위권~상위권 학교들이기 때문에 경쟁이 치열하다.

한편 특성화고 학생들은 대학을 가더라도 보통 직업계 전공과 관련된 전문대학을 지원한다. 특성화고 학생이 4년제 종합대학을 지원하는 경우는 소수의 '특성화고 특별 전형'을 활용하거나 실기/실적 위주 전형이 대부분인 예체능 계열인 경우가 많다. 그래서 특성화고 학생들은 인문계 고등학교 학생들만큼 모두가 수시 지원 횟수를 신경 써야 하는 상황은 아니다.

자기소개서 폐지, 학생부 반영 범위 축소

예전부터 수시가 어려운 이유는 전형의 다양성 때문이기도 하지만 근본적으로는 이를 위한 서류 준비가 복잡하고 까다롭기 때문이었다. 특히 과거에는 학교생활기록부의 거의 모든 항목이 대입에 반영되었으며 분량 제한도 없다시피 했다. 그래서 수상 경력, 자격증 또는 인증 취득, 창의적 체험활동, 과목별 세특, 독서활동 등을 채워 넣고 그 양을 늘리기 위해 각종 교내·교외 활동을 해야 했다. 여기에 내신은 내신대로 챙겨야 했으며 수능 최저학력기준이 걸려있으면 그 또한 맞추기 위해 공부도 놓을 수 없었다. 심지어 자기소개서라는 새로운 서류까지 추가로 작성해야 했으니 수험생들의 부담이 도저히 작을 수가 없었다.

원래 수시의 강화 취지는 '한 방'으로 끝나는 수능 성적만으로는 알 수 없는, 학생의 다양한 학습 및 성취 과정을 종합적으로 살펴보기 위함이었다. 이를 통해 일률적인 수능 성적만이 아닌 다각도에서 학생의 잠재력과 역량을 파악하고 우수한 학생을 선발하려는 것이다. 그런데 시간이 지날수록 학생부를 차별화된 스펙으로 채우기 위해 학교 밖에서 고액의 사교육을 받거나 대외 활동 프로그램 등에 참여하는 일이 늘어났다. 이는 자연히 교내 활동의 부실화 및 사교육 조장 논란으로 이어졌다. 소위 돈 많은 집의 자녀들은 부모의 경제력에 힘입어 수시를 위한 스펙을 쉽게 쌓을 수 있고, 넉넉하지 못한 집의 자녀들은 아무리 노력해도 이를 따라잡을 수 없다는 구조적인 불평등 문제가 제기된 것이다.

이를 해결한다는 취지에서 교육 당국이 취한 조치는 크게 두 갈래로 구분할 수 있다. 첫 번째는 수시의 비중을 줄이고 정시의 비중을 점차 늘리는 것이다. 과거에는 '단 한 번의 시험으로는 불공정하며 수능 준비로 인해 과도한 사교육을 조장한다'는 논란에 휩싸여 수시에게 주도권을 내어줬던 정시가, 거의 10여 년 만에 '사교육의 손을 덜 타는 공정한 시험'이라며 재조명된 것이다. 그래서 2019년에는 교육부가 서울 소재 16개 대학[7] 에 대해 수능위주(정시) 선발 비율을 40%까지 올리도록 했다. 규제 대상이 된 학교들이 대부분 학생들이 선호하는 상위권 대학이어서 결과적으로는 일부 영향을 받았다고 할 수 있다. 그러나 전국적으로 보면 여전히 수시 선발 비중이 높으며 현재도 약 80%

---

[7] 건국대, 경희대, 고려대, 광운대, 동국대, 서강대, 서울시립대, 서울대, 서울여대, 성균관대, 숙명여대, 숭실대, 연세대, 중앙대, 한국외대, 한양대

에 육박한다. 이중에서 지방으로 갈수록 학생부교과전형의 비중이 높은 반면, 경쟁이 치열한 서울 소재 학교들은 여전히 학생부종합전형 비중이 높아 근본적인 변화가 생겼다고 보기는 어렵다.

더 나아가 정시 40% 선발 규제 자체에 문제를 제기하는 의견도 많다. 교육과정과 학교 교육은 점점 학생의 개별성과 자율성을 확대하는 방향으로 바뀌고 있는데, 오히려 일률적인 기준으로 뽑는 정시를 확대하는 건 시대의 흐름을 역행하는 일이 아니냐는 것이다. 또한 대학 입장에서도 수능 성적으로만 선발하는 방식은 대학이 원하는 인재상에 맞는 학생을 뽑기 어렵다는 단점이 있다. 공교롭게도 2028학년도 대입부터 실시될 새로운 수능은 수학 출제 과목의 축소와 탐구 출제 과목의 변경으로 변별력 약화가 우려된다. 기존의 수능위주 선발 방식은 최상위권 일부 학교·전형을 제외하면 보통 수능 100%로 진행되는데, 변별력 문제를 해결하기 위해 다른 요소를 추가 도입하는 등 변화가 생길 것으로 예상된다. 마침 최근 교육부가 추진하는 '고교교육 기여대학 지원사업'에서 '대입 전형 운영 개선' 분야에 지원해 선정된 대학은 정시 모집 비율을 40%에서 30%까지 낮출 수 있게 되었다. 여러 대학 중 서울대, 한양대, 동국대가 선정되었는데 2028학년도 대입에서 어떤 변화를 보여줄지 주목된다.

두 번째는 수시에 반영되는 서류의 범위를 줄이고 분량을 제한하는 등의 규제를 도입하는 것이다. 먼저 자기소개서는 대학마다 달랐던 문항을 일부 통일해 공통 문항을 사용하게 하고, 문항을 통합하거나 글자 수를 줄이며 축소 수순을 밟았다. 그러다 2024학년도부터는 자기소개서가 전면 폐지되었다. 또한 학교생활기록부에서는 점진적으로 항목별 기록 분량에 제한을 두고, 기재하더라도 대입에 반영하는 항목을 줄이고, 아예 기재할 수 있는 범위 자체를 줄이기도 했다. 이러한 경향이 점점 이어져 현재는 학생부에서 교과 성적을 제외하면 출결, 과목별 세특, 창체, 행특 정도만 반영되는 수준까지 이르렀다.

위와 같은 변화가 시사하는 바는 크게 두 가지다. 첫째는 내신 성적의 중요성이다. 학종에서 서류를 볼 때 내신은 원래부터도 중요했지만, 과거에는 이를 어느 정도 극복하기 위해 다양한 항목의 스펙을 동원할 수 있었다. 그러나 이제는 동원할 수 있는 스펙이 큰 폭으로 줄었기 때문에 대학 입장에서는 학생의 기본적인 학업 역량을 파악하기 위해 내신 성적에 더 주목할 수밖에 없다. 게다가 2025년 고1부터는 고등학교 내신이 5등급제로 바뀌었다. 5등급제에서 내신 2등급은 상위 34%까지, 과거의 4등급에 해당하는 학생들도 대부분 받을 수 있는 등급이 된다. 그렇기 때문에 5등급제 하에서의 내신은 기본적으로 1등급, 조금 부족하더라도 2등급 이상 받지 않으면 인서울 자체가 어려울

가능성이 높다. 따라서 수시에서 어떤 전형을 선택하든 간에 내신 관리를 위한 노력은 결코 소홀해서는 안 된다.

둘째는 세특과 창체를 통한 비교과 관리의 중요성이다. 비교과 영역으로 분류될 수 있는 항목들이 대폭 줄어들면서 실질적으로 관리할 수 있고 관리해야 하는 부분은 과목별 세특과 창체로 좁혀졌다. 게다가 세특과 창체도 분량 제한이 있기 때문에 양도 양이지만 선별해서 넣을 수 있도록 질을 높이는 것이 중요하다. 다만 학교 밖 활동은 애초에 기록할 수조차 없도록 규제되고 있으므로, 가능한 학교 수업과 관련된 활동 또는 교과 내용과 연결된 심화 활동 등을 통해 활동을 기획·진행해야 한다. 특히 요즘은 학교에서도 이러한 변화에 발맞춰 수행평가를 과정 평가형으로 제시하는 경우가 많으므로, 이를 적극 활용하면 내신 관리와 함께 2배의 효과를 얻을 수 있다. 희망하는 진로나 전공 분야가 있다면 최소한 그와 관련된 과목의 세특은 더욱 철저하게 관리해야 한다.

창체는 자율활동, 동아리활동, 진로활동, 봉사활동으로 나뉜다. 자율활동은 보통 학교에서 정한 학사일정에 따른 행사 참여 기록이 많이 기재된다. 그러나 남들도 다 하는 활동 내역은 차별성이 없기 때문에 학교 행사에서 시작했더라도 자신만의 추가 탐구로 연결해보거나,

자신만의 관심과 아이디어를 담은 탐구 프로젝트를 진행하여 기재하는 것이 더욱 좋다. 동아리의 경우 학년 초에 가입 신청을 하게 되는데 어떤 동아리를 선택하느냐에 따라 활동 내용과 유용성이 달라지므로 목적을 정해 전략적인 선택이 필요하다. 인기가 많은 동아리는 가입부터 경쟁이 치열해서 '선발'을 위해 자기소개서를 내거나 면접을 보기도 하기 때문이다. 희망 진로·전공 분야와 관련된 동아리를 선택하는 것이 정석적이지만 여러 가지 이유로 그러지 못했을 경우에도 학업역량이나 공동체역량을 보여줄 수 있다. 진로활동에는 자신의 진로 탐색 과정을 관련 주제 탐구로 보여줄 수 있다. 희망 계열에 대한 이야기를 보다 자유롭게 할 수 있는 칸이기에 희망 전공·계열·분야에 관심을 갖게 된 나만의 계기, 호기심, 구체적인 아이디어를 언급하기에 좋다.

염두에 두어야 할 것은 비교과가 중요한 학생부종합전형에서도 세특이나 창체만으로 모든 걸 해결할 수는 없다는 점이다. 학종은 내신과 비교과의 양 날개가 모두 필요한 전형이다. 세특이나 창체의 내용이 아무리 좋더라도 이를 뒷받침하려면 교과 성적이 좋아야 한다. 예를 들어 컴퓨터공학과를 희망하는 학생이 수학 세특에 대학 수준의 개념을 탐구했다고 적은들, 내신 성적이 중위권이라면 입학사정관이 그 세특을 믿기 어렵다. 따라서 모든 비교과의 기본기는 역설적으로 교과라는 점을 기억하며 내신 관리에 신경 써야 한다.

이와 반대로 비슷한 내신 성적의 학생들이 경쟁할 때는 좋은 비교과를 갖춘 학생이 합격 가능성이 높아진다. 그래서 같은 내신 성적이라도 비교과 서류 상태에 따라 상향 지원을 노려볼 수 있는 폭이 달라진다. 좋은 비교과가 되려면 학생의 각종 역량과 특성을 다양하고 깊이 있는 내용으로, 구체적인 근거를 통해, 총체적이면서 일관성 있게 파악할 수 있어야 한다. 그래서 좋은 학생부란 좋은 자소서 역할을 할 수 있는 서류이다. 자소서가 사라진 지금 자소서의 역할은 학생부가 겸하게 되었고, 대학은 전적으로 학생부를 통해 학생을 평가해야 하기 때문이다.

따라서 좋은 학생부를 만들기 위해서는 세특과 창체의 내용이 과목간, 영역간, 학년간 수평적·수직적으로 연계가 될 수 있도록 구성하는 것이 좋다. 또한 각각의 내용들이 유기적으로 연결될 수 있도록 자신만의 '스토리'에 대한 고민이 필요하다. 단순히 탐구 주제 하나를 정하는 것에서 끝나는 것이 아니라 비교과 전반에 걸친 체계적인 로드맵과 전략이 필요한 이유이다.

고등학교 종류와 수시 전형

※

　고등학교에서 어떻게 하느냐도 중요하지만 어떤 고등학교를 가느냐도 수시에 많은 영향을 미친다. 고등학교 종류에 따라 수시에서 전형을 선택하는 경향이 달라지기 때문이다. 이는 수시 제도의 특성과 고등학교의 특성이 서로 어우러져서 나타나는 일종의 현상이다. 그러므로 이를 절대적인 규칙이 아닌 대략적인 경향성으로 이해하고, 학생의 특성과 상황에 맞게 필요한 환경을 전략적으로 선택하는 데 참고하는 정도로만 활용하길 바란다.

일반고

일반고는 운영하기에 따라 다르지만 특목·자사고와는 다른 여러 특징이 있다. 기본적으로 학생들이 '선발'되지 않고 '배정'되기 때문에 학생들의 학습 수준의 격차가 크다.[8] 평균적인 학습 수준은 낮은 편이며 학습 분위기가 덜 정돈되어 있다. 그래서 상대적으로 내신 점수를 잘 받기에는 유리하지만 학습에 집중하려 할 때 환경적으로 방해를 받을 가능성이 더 높다. 또한 학교가 다양한 교육 프로그램을 만들고 운영할 여력이 특목·자사고에 비해 부족한 편이라 다양한 활동을 할 수 있는 기회가 상대적으로 적다.

일반고에서는 최상위권 학생들이 높은 내신 점수를 받아 학생부교과와 학생부종합을 섞어서 지원하고, 그 이하 학생들은 내신 성적만으로는 힘들기에 어떻게든 비교과 내용을 만들어 학생부종합을 지원한다. 최상위권 입장에서는 특목·자사고에 비해 비교과 퀄리티의 아쉬움은 있겠지만 교과와 종합이라는 두 가지 카드를 모두 고려할 수 있는 것이다. 한편 일반고에서는 내신이 상위권이더라도 수능 또한 잘 볼 거라 단정 짓기 어렵다. 내신 시험이 모의고사보다 쉬운 경우도 있기 때문이다. 그래서 내신 관리에 더불어 수능 최저학력기준을 맞출 수 있도록 더 신경 써서 공부해야 한다.

---

[8] 뒤에서 자세히 설명하겠지만 이는 '평준화' 고등학교에 해당하고, '비평준화' 고등학교의 경우에는 선발 절차를 거친다.

특목고·영재고

특목고라 함은 외고, 국제고, 과학고, 예술·체육고, 마이스터고 등을 아우른다. 이중 외고와 국제고는 인문계열, 과학고는 이공계열, 예술·체육고는 예체능계열로 분류할 수 있고 마이스터고는 사실상 특성화고와 비슷한 직업계열이다. 영재고는 영재학교를 지칭하는데 사실상 전부 이공계열이라 할 수 있다.

외고, 국제고, 과학고, 영재고는 각각 인문계열과 이공계열에 학생부종합전형을 많이 선택한다. 그 이유는 크게 두 가지가 있다. 첫째로, 내신 점수를 높게 받기 어려워 교과 전형을 선택하기에 불리하기 때문이다. 위 학교들의 공통점은 기본적으로 공부를 잘하는 학생들이 선발되어 들어온다는 점이다. 그러면 아무리 공부를 잘해도 상대평가의 특성상 1~2등급을 받을 수 있는 학생 수는 한정되어 있기 때문에, 경쟁이 더 치열해지고 상위 등급을 받기가 일반고에 비해 훨씬 어렵다. 영재고는 학점제 교육과정을 운영하며 절대평가를 하지만, 애초에 수업 수준 자체가 어렵기 때문에 성적을 잘 받기 어렵다. 또한 위 학교들의 정원은 일반고에 비해 훨씬 적기 때문에 같은 등급을 받을 수 있는 학생 수도 더 적다는 문제도 있다.

이론적으로 내신 등급이 잘 나오려면 최상위권에서 극소수가 독보적으로 잘해야 1점대 등급이 나온다. 그런데 여러 학생들이 서로 경쟁하며 엎치락뒤치락 하게 되면 전교 1등이라 하더라도 2점대 등급이 나오는 경우가 생긴다. 여기서 내신 점수를 숫자로만 계산하는 교과 전형을 지원하면, 학교별 특성이 고려되지 않기 때문에 일반고에서 1점대 등급을 받은 학생들에 비해 불리할 수밖에 없다.

둘째로, 일반고에 비해 훨씬 더 다양한 교육 프로그램이 구성되어 있어 비교과 영역에서 유리하기 때문이다. 특목고와 영재고는 일반고에 비해 교육 예산을 더 넉넉하게 사용할 수 있고, 다양한 교육 프로그램을 기획·진행할 수 있다. 학생들도 어느 정도 이를 소화하고 따라올 수 있는 수준이 된다. 그래서 일반고에서는 여건상 하기 어려운 다양한 학습 활동을 할 수 있고, 이는 세특과 창체를 위한 질 좋은 소재가 된다. 즉 특목고는 비교과를 학교 차원에서 대비해 줄 수 있는 여건이 되기 때문에 교과의 핸디캡을 줄이고 비교과의 강점을 살릴 수 있는 학종을 선택하는 것이다.

한편 예술·체육고는 예체능계열이기 때문에 실기/실적 위주 전형을 주로 선택한다. 실기·실적 위주 전형이 주로 예체능계열을 위해 만들어진 전형이기 때문이기도 하다. 마이스터고는 산학연계를 통해 취업하는 것에 목적이 있는 학교이기 때문에 사실상 대입과 거의 관련이 없다고 보면 된다. 실제로 대부분의 수시 모집요강을 보면 마이스터고 학생들의 지원을 제한하는 경우가 많으며, 대학에 들어가려면 졸업 후 3년이 지난 뒤 '재직자 특별전형'을 이용하는 등 문이 매우 좁다.

특성화고

특성화고는 기본적으로 취업을 준비하는 학교이기 때문에 졸업 후 바로 취업을 하기 위해 기술을 배우고 자격증을 따는 것이 교육과정의 가장 큰 목적이다. 따라서 보통교과의 수업보다는 전공 수업과 자격증을 위한 준비가 우선시된다. 이런 교육과정상 특징과 학생들의 낮은 교과 학습 수준을 고려해 시험도 무척 쉽다. 그래서 열심히 공부할 의지가 있다면 내신을 잘 받는 것은 어렵지 않다. 다만 특성화고 학생들은 대체로 중학교 단계의 교과 기초가 부족한 경우가 많아 고등 수준 교과를 소화하는 데 어려움을 겪는 경우가 많다.

하지만 특성화고 학생들도 얼마든지 대학에 진학할 수 있다. 오히려 마이스터고보다 진학에 유리하다. 특성화고 학생들은 2~3년제 전문대를 진학해 기술을 더 습득할 수도 있고, 어렵긴 하지만 4년제 종합대학에 진학할 수도 있다. 실제로도 특성화고에서 대학에 진학하는 학생들의 비율이 상당히 높으며 실질 취업자보다도 높은 수준이다.

전문대 또한 수시와 정시가 있다. 다만 수시에 논술위주 전형과 학생부종합전형이 없다. 대신 학생부 위주, 면접 위주, 서류 위주, 실기 위주 전형으로 구분된다. 반면 종합대학을 진학할 때는 특성화고 특별 전형이 따로 있어서 이를 활용할 수 있다. 특성화고 특별 전형은 특성화고 학생들만 지원할 수 있지만 선발 인원이 매우 적어서 결코 쉽다고는 할 수 없다. 특성화고 특별 전형은 수시로도 운영되고 정시로도 운영되는데, 수시의 경우 전형 요소별 반영 비율에 따라 대부분 학생부교과 또는 학생부종합으로 분류된다. 특성화고 특별 전형이 해당 대학에 있는지, 있다면 어느 학과에 있는지, 수시에 있는지 정시에 있는지, 수시에 있다면 교과인지 종합인지 등은 대학마다 다르므로 반드시 해당 대학의 모집요강을 확인해야 한다.

특성화고 학생이 특성화고 특별 전형이 아닌 다른 전형으로 4년제 종합대학에 지원하는 경우도 많지는 않지만 존재한다. 앞서 언급한 바 있지만 주로 실기/실적 위주 전형인 예체능 계열인 경우이다. 그 외의 전형으로는 지원이 어렵거나, 가능하더라도 경쟁력이 다른 학교에 비해 크게 떨어진다. 교육과정 구조상 일반고나 특목·자사고 등에 비해 보통교과의 이수 단위수(학점수)가 더 낮고 이수 교과목의 수준도 높지 않기 때문이다. 낮은 보통교과 이수 단위수(학점수)는 경우에 따라 지원 자격 기준에서 걸리기도 하고, 통과했다 하더라도 학업 역량을 평가할 때 핸디캡으로 작용할 수밖에 없다.

자율고

자율고등학교는 자율형 사립고(자사고)와 자율형 공립고(자공고)로 나뉜다. 둘 모두 교육과정 편성과 운영의 자율성을 가진다는 점은 동일하지만, 자사고는 정부 지원에 더해 재단 등 직접적인 방법을 통해 운영비를 마련하고 자공고는 거의 전적으로 정부에 의존한다. 그래서 제도상으로는 같은 자율고지만 운영 여건이나 수준은 전혀 다르다.

자사고는 다시 전국단위 자사고와 광역단위 자사고로 나뉜다. 전국단위 자사고는 전국을 대상으로 학생을 모집할 수 있는 자사고이고, 광역단위 자사고는 학교 주변 지역에 해당하는 학생만 지원할 수 있는 자사고이다. 이중 사람들이 일반고와 비교하며 특목고와 비슷한 선상에 두는 것은 많은 경우 전국단위 자사고이다. 전국단위 자사고는 2025년 기준 총 10개뿐이며, 대부분 높은 교육비와 재정적 지원을 바탕으로 일반고에 비해 다양한 교육 프로그램을 운영한다.

완전히 일반화하긴 어렵겠지만 대체로 자공고는 일반고, 자사고는 특목고와 비슷한 환경으로 이해할 수 있다. 다만 자사고 중에서도 광역단위 자사고는 학교별 수준 차이가 크기 때문에 어떤 곳은 특목고처럼 환경이 좋지만, 어떤 곳은 일반고와 다름없는 환경일 수 있어 학교별 파악이 필요하다. 전국단위 자사고는 단연코 특목고와 비슷한 환경이라 할 수 있다. 전국단위 자사고는 특목고처럼 학업 능력이 높은 학생들이 선발되어 들어오는 곳이지만 교육과정 자체가 특목고처럼 특정 분야에 집중하는 학교는 아니다. 다만 최근 들어 상위권 학생들이 인문계열보다는 이공계열을 선택하는 경향이 강해져 학생의 분포 비율을 따지자면 이공계열의 비율이 더 높다고 할 수 있다. 또한 여기 학생들은 특목고와 마찬가지로 내신을 잘 받기 매우 어렵기 때문에 교과 전형은 거의 선택하지 않고, 학교의 자율적인 교육과정과 다양한 교육 프로그램에 힘입은 비교과를 살리기 위해 학종을 주로 선택한다.

지금까지 설명한 내용은 고등학교 종류에 따른 이론적인 일반론이다. 같은 종류의 고등학교라도 학교마다 학생마다 상황이 다르기 때문에, 학교의 특징과 상황 및 학생의 성적과 상황 등을 종합적으로 고려하여 자신에게 더 유리한 전형을 선택하고 준비해야 한다.

TEST 3장. 수시, 알고 보면 패턴이 있다

01. 현재 대입에서 수시와 정시의 전체 모집인원 비중으로 가장 적절한 것은?

① 수시 약 30%, 정시 약 70%
② 수시 약 50%, 정시 약 50%
③ 수시 약 70%, 정시 약 30%
④ 수시 약 80%, 정시 약 20%
⑤ 수시 약 90%, 정시 약 10%

02. 수시 전형에서 'OO위주'라는 용어가 의미하는 바는 무엇인가?

① 'OO'이 해당 전형에서 유일하게 반영되는 요소라는 뜻이다.
② 'OO'이 해당 전형 요소 중 가장 큰 비율로 반영된다는 뜻이다.
③ 'OO'은 학생부 외의 추가 서류를 의미한다.
④ 'OO'은 수능 최저학력기준을 나타낸다.
⑤ 'OO'은 면접고사의 비중을 의미한다.

03. 학생부위주 전형에 대한 설명으로 옳은 것은?

① 학생부교과와 학생부종합 모두 교과 성적만 반영한다.
② 학생부교과는 교과 성적을 주로 반영하고, 학생부종합은 비교과 활동만 반영한다.
③ 학생부교과는 정성적인 평가를 주로 하고, 학생부종합은 정량적인 평가를 주로 한다.
④ 경우에 따라 수능 최저학력기준이 설정되기도 한다.
⑤ 학생부교과와 학생부종합 모두 면접고사가 필수로 포함된다.

04. 학생부교과전형에 대한 설명으로 가장 적절하지 않은 것은?

① 대부분 교과 100%로 구성된다.
② 전형 점수를 계산하는 구체적인 방식은 대학마다 차이가 있다.
③ 반영하는 교과 범위가 전 교과일 수도 있고 주요 교과만일 수도 있다.
④ 모든 대학에서 자기 성적을 입력하면 전형 점수를 계산해주는 시스템을 제공한다.
⑤ 고려대, 성균관대 등 일부 대학은 정성평가를 일부 포함하기도 한다.

05. 학생부종합전형에서 평가하는 가장 보편적인 3가지 주요 역량에 해당하지 않는 것은?

① 학업역량
② 진로역량
③ 창의역량
④ 공동체역량

06. 면접고사에 대한 설명으로 옳은 것은?

① 서류 기반 면접은 면접 시 제시문이 주어지고 이에 대한 질문을 중심으로 평가한다.
② 제시문 기반 면접은 1단계에서 제출한 서류의 내용을 검증하는 질문이 주로 제시된다.
③ MMI(다중미니면접)는 주로 상경·공학계열 학과에서 실시하는 고난도 면접이다.
④ 대부분의 대학·학과에서 실시하는 면접은 제시문 기반 면접이다.
⑤ 서울대, 연세대, 고려대 등 최상위권 대학 및 일부 메디컬 계열에서 제시문 기반 면접을 주로 진행한다.

TEST 3장. 수시, 알고 보면 패턴이 있다

07. 수능 최저학력기준에 대한 설명으로 옳은 것은?

① 내신 성적이 낮아도 수능 최저학력기준을 만족하면 합격이 보장된다.
② 수능 최저학력기준은 대부분 학생부종합전형에 많이 적용된다.
③ 최저학력기준이 설정된 전형은 서류상 경쟁률보다 실질 경쟁률이 더 높은 경향이 있다.
④ 논술위주 전형에서도 수능 최저학력기준이 설정되는 경우가 많다.
⑤ 메디컬 계열 학과는 최저학력기준을 거의 설정하지 않는다.

08. 논술위주 전형의 특징으로 옳지 <u>않은</u> 것은?

① 논술시험 점수가 가장 큰 비중을 차지하는 전형이다.
② 교과 성적을 반영할 때 내신 등급별 점수 급간을 아주 작게 만들면 논술 시험 점수로 만회하기 어렵다.
③ 약술형 논술은 교과논술이라고도 불리며 여러 문항을 빠르게 푸는 것이 핵심이다.
④ 일반 논술은 주로 상위권 대학에서, 약술형 논술은 주로 중위권 대학에서 많이 실시된다.
⑤ 논술위주 전형이어도 교과 성적 반영 및 수능 최저학력기준 적용이 모두 이루어질 수 있다.

09. 다음 고등학교 유형과 수시 전형 선택 경향의 연결이 <u>잘못된</u> 것은?

① 일반고 - 최상위권은 학생부교과와 학생부종합을 섞어 지원
② 자사고 - 내신 받기 어려워 교과 전형은 거의 선택하지 않고 학종을 주로 선택
③ 예술·체육고 - 실기/실적 위주 전형을 주로 선택
④ 마이스터고 - 취업에 목적이 있어 대입과 거의 관련이 없음
⑤ 특목고·영재고 - 내신 점수 받기 어려워 대부분 학생부교과 전형을 선택

10. 특성화고 학생들의 대학 진학에 대해 적절하지 <u>않은</u> 것은?

① 요즘은 고등학교 졸업 후 바로 취업하기보다 대학에 진학하는 비율이 더 높다.
② 직업 기술을 더 배우기 위해 2~3년제 전문대학에 진학하는 경우가 많다.
③ 4년제 종합대학에 지원할 경우 특성화고 특별 전형을 활용할 수 있다.
④ 4년제 종합대학에 학생부위주 전형으로 지원할 경우 인문계 고등학교 학생들보다 더 유리하다.
⑤ 예체능 계열로서 4년제 종합대학에 지원하는 경우 실기/실적 위주 전형을 선택할 수 있다.

4장
정시, 간단한 룰과 복잡한 눈치싸움

정시 제도 개요

*

　정시는 보통 수시 일정이 모두 종료된 뒤인 12월 말부터 2월까지 진행된다. 만약 어떤 사정이 있어서 수시 일정이 뒤로 밀리면 1월에 시작하기도 한다. 교육부에서 수시는 학생부위주 중심, 정시는 수능위주 중심 선발 기조가 이어지면서 2025학년도 기준 정시에서 수능위주 전형이 차지하는 비율은 91.9%로 절대다수이다. 그 외 실기/실적 위주 전형이 7.5% 정도 있으나 이는 예체능계열 학과에 국한된 전형이므로, 대부분의 경우 정시는 수능이 가장 중요하다고 생각하면 된다.

　수시는 6번 혹은 그 이상의 기회를 사용하기 위해 여러 대학을 일일이 살펴보고 지원해야 한다. 반면 정시는 '군'이라는 개념이 있다. '가'

군, '나'군, '다'군의 총 3개의 군이 있는데 군별로 각각 한 번씩 총 3번의 지원 기회가 주어진다. 각 군별로 포함되어 있는 학교 또는 학과가 서로 다르기 때문에 각 군의 내역을 잘 살펴보고 원하는 학교의 학과를 서로 겹치지 않도록 지원하는 것이 중요하다. 이에 대해서는 따로 더 설명하겠다.

한편 앞서 언급한 수능위주 전형이라 하면 대부분 수능 100%를 의미한다. 그러나 예체능계열 학과에서는 실기를 일부 반영하기도 한다. 심지어 최상위권 대학에서는 인문/자연계열에서 수능에 더해 학생부까지 반영하는 경우도 있다.

[2026학년도 기준]

- 서울대: 지역균형전형 - 수능 60% + 학생부(교과정성)[9] 40%
  일반전형 - 수능 80% + 학생부(교과정성) 20%
- 연세대: 일반전형 - 수능 95% + 학생부(교과) 5%
- 고려대: 교과우수전형 - 수능 80% + 학생부(교과) 20%
- 한양대: 일반/특별전형 - 수능 90% + 학생부(종합)[10] 10%

아직은 최상위권 대학에서만 일부 시행하고 있으나 이러한 경향이 다른 대학들로도 확산할지 지켜볼 필요가 있다. 앞서 여러 번 언급한 통합형 수능의 변별력 문제도 있기 때문이다. 만약 정시에서 학생부를

---

[9] 교과학습발달상황만 반영한다.
[10] 교과학습발달상황과 출결상황 등을 평가한다.

반영하는 경우가 점점 늘어난다면 학생부 관리의 중요성은 비단 수시뿐만 아니라 정시에도 영향을 미칠 것이고, 최상위권 학생들뿐만 아니라 다른 학생들에게도 피할 수 없는 문제가 될 수 있다.

군별 지원 제도

*

앞서 언급했듯 정시에는 '군'이 있다. 이 군은 모집 및 전형 기간에 따라 분류된 것으로, 빠른 순서대로 '가'군, '나'군, '다'군으로 나뉜다. 과거에는 '라'군도 있었으나 없어진 지 오래됐다. 이때 하나의 모집기간군에서는 하나의 원서만 쓸 수 있다. 같은 군에 지원하고 싶은 학교 및 학과가 여럿 있더라도 그 군에서는 하나만 골라야 한다. 같은 군에서 2개 이상의 대학에 지원하면 불합격 처리가 된다. 다만 이는 교육부에서 관할하는 4년제 종합대학에 한정된 것이고, 수시에서처럼 전문대학, 산업대학, 과학기술원 등은 군별 지원 제한에 구애받지 않고 지원할 수 있다.

한 대학과 학과가 모두 같은 군을 통해 모집을 하는 경우도 있고, 한 학교 안에서도 여러 군에 학과를 나누어서 모집을 하는 경우도 있다. 후자를 분할모집이라 한다. 원하는 대학이 어느 군으로 모집하는지, 분할모집을 하는지 여부는 대교협에서 발표하는 대입전형 시행계획과 각 대학의 모집요강을 통해서 알 수 있다. 또한 모집요강에는 각 대학이 학과별로 어떤 군을 통해 모집하는지 등 세부적인 정보도 나와 있다. 2025학년도 기준 2개 이상의 군으로 분할모집을 하는 대학은 전체 192개 대학 중 140개로 약 73%이며, 그중 가/나/다군 모두에 나눠 모집하는 학교는 78개로 전체의 약 40%다.

분할모집하는 대학이 많다고 해서 선택하기 편한 것은 아니다. 서울대와 서강대는 전원 나군, 고려대는 전원 가군에서 모집하며 연세대도 서울캠퍼스는 전원 가군에서 모집하기 때문에 최상위권이 정시를 지원할 경우 이들 대학을 두고 저울질에 고심할 수밖에 없다. 한편 성균관대, 한양대, 중앙대, 경희대, 한국외대, 서울시립대 등은 가/나군 또는 가/나/다군으로 분할 모집하지만 대학별로 군별 모집 인원 분포가 다르고 학과별로도 다르다. 이런 식으로 세부적인 차이가 있기 때문에 결국 관심 있는 학교와 학과의 모집 현황을 파악하기 위해서는 직접 모집요강을 확인하면서 군별로 분류한 다음 선택을 고민해야 한다.

정시 지원은 군별로 1개씩 총 3개를 지원한다는 간단한 룰이지만, 실제로 어디를 지원할지 결정하는 일은 매우 어렵고 신중해야 하는 일이다. 왜냐면 수험생들이 서로 어떤 군에서 어떤 대학을 지원할지 눈치를 보며 최대한 이득을 보는 선택을 하기 위해 전전긍긍하기 때문이다. 그해 수능의 난이도 및 표준점수 범위에 따라, 전년도 입시 결과와 성적 커트라인에 따라 등 다양한 상황과 조건을 고려해 조금이라도 더 붙을 가능성이 높을 만한 곳을 골라야 하기 때문이다. 정시는 이미 정해진 수능 점수를 가지고 경쟁해야 하고, 한두 문제를 넘어 소수점 차이로 당락이 결정되는 일도 자주 일어난다. 그러다 보니 수험생들은 조금이라도 경쟁률이 낮을 만한 곳, 평균적인 지원자 수준이 자신의 성적보다 낮을 만한 곳 등을 찾아 합격 가능성을 높이려 하는 것이다. 눈치로 알 수 있는 것에는 한계가 있지만 그럼에도 불구하고 눈치를 보지 않을 수 없는 현실이니 매년 수험생과 학부모의 고민은 이만저만이 아닐 수 없다. 오죽하면 '수능 6교시는 원서 지원 영역이다'라는 말까지 만들어져 회자될 정도니 말이다.

성적 반영 방법

*

　수시에서는 수능 성적을 등급으로만 사용할 수 있지만 정시에서는 등급뿐만 아니라 점수 그 자체를 가져다 사용한다. 이때 사용되는 점수는 원점수가 아니라 표준점수 또는 백분위이다. 평가원에서 시행하는 6·9월 모의평가 및 수능의 성적표에 원점수가 없는 이유이기도 하다. 다만 표준점수를 그대로 사용했을 경우 동점자가 많이 발생할 수 있고 대학의 선호도를 반영하기 어렵다는 문제가 있다. 그래서 각 대학은 자신들만의 방식으로 표준점수, 백분위, 등급 등을 활용해 평가점수를 계산한다.

　보통 대학에서는 모든 영역의 표준점수를 일괄적으로 더하지 않고 계열 등에 따라 영역별 가중치를 부여하여 합산한다. 예를 들면 인문·사회계열은 국어 30%, 수학 20%, 영어 30%, 탐구 20%, 이공계열은 국어 25%, 수학 30%, 영어 20%, 탐구 25% 같이 계열별로 가중치가 다르게 적용된다. 이를 통해 계열별로 더 중요하게 여기는 과목의 점수를 더 많이 반영함으로써 우선순위에 따라 학생들을 평가하는 것이다. 다만 ① 어떤 영역을 반영하는지, ② 각 영역의 어떤 지표(표준점수, 백분위, 등급 등)를 반영하는지, ③ 영역별로 어느 정도의 비율 또는 가중치를 두는지는 대학·계열마다 다르므로 정확한 세부 사항은 반드시 모집요강을 참고해야 한다.

> ① 어떤 영역을 반영하는지
> ② 각 영역의 어떤 지표(표준점수, 백분위, 등급 등)를 반영하는지
> ③ 영역별로 어느 정도의 비율 또는 가중치를 두는지

위 세 가지 여부에 대해 큰 경향만 설명하자면, ① 대학들이 평가 시 반영하는 영역은 당연히 상위권으로 갈수록 많고 하위권으로 갈수록 적다. 상위권 대학은 국어부터 탐구 영역까지 모두 평가하지만 중·하위권 대학에서는 전 영역 중 어느 정도 선택이 가능한 경우도 있다. ② 평가 반영 지표는 종류가 한정되어 있기 때문에 반영 방식도 어느 정도 유형화할 수 있다. 대체로 상위권일수록 표준점수를 주로 사용하

고, 중·하위권일수록 백분위를 많이 사용한다. 적은 경우지만 등급을 사용하는 경우도 있다. ③ 영역별 비율 또는 가중치는 대학마다 다르지만 계열별로는 비슷한 경향이 있다. 먼저 인문/사회계열은 수학보다 국어의 비중이 높고, 이공계열은 수학의 비중이 더 높은 편이다. 다만 인문/사회계열이어도 경영·경제학과 쪽은 수학이 중요해서 수학의 반영 비율을 높게 잡기도 한다. 영어는 국어와 비슷한 비율로 반영되기도 하지만 절대평가 영역이기 때문에 비중이 낮은 경우도 많다. 탐구 영역은 인문/사회계열에서는 사탐을 상정하기 때문에 비중이 높은 경우가 별로 없다. 그러나 이공계열에서는 과탐을 상정하기 때문에 비중이 낮은 경우도 있지만 수학 다음으로 비중이 높은 경우도 종종 있다. 한편 중·하위권으로 내려가면 영역 구분 없이 높은 점수 순으로 높은 비중을 부여하거나 전 영역을 고르게 반영하는 경우도 있다.

표준점수

영역별로 설정된 반영 비율(가중치)에 따라 각 영역별 표준점수를 곱해 더하는 방식이다. 단 절대평가인 영어, 한국사는 별도 기준을 정해 등급에 따라 환산하거나 차등 감점을 하는 경우가 많다. 수능 성적표가 있으면 모집요강을 보고 바로 자신의 점수를 계산해 볼 수 있다.

표준점수 자체에 별도 조작을 가하지는 않기 때문에 선택과목에 따른 표준점수 유불리가 있을 수 있다. 현재는 국어, 수학, 탐구 영역에 모두 선택과목이 있기 때문에 과목 선택에 따른 유불리가 신경 쓰일 수 있다. 하지만 통합형 수능이 시작되면 선택과목 유불리는 사라질 것으로 보인다. 기존 체제에서 수능을 보더라도 무조건 표준점수가 잘 나올 것 같은 과목을 선택하기보다는, 기본적으로 자신이 공부를 놓지 않을 수 있고 원점수를 유의미하게 높게 받을 수 있을 만한 과목을 선택하는 것이 좋다. 표준점수는 기본적으로 원점수에 비례하여 높아지기 때문이기도 하지만, 같은 원점수 기준 어떤 과목이 더 높은 표준점수가 나올지는 매 시험마다 다르기 때문이다.

한편 서울대를 포함한 몇몇 대학에서는 과탐Ⅱ 과목을 선택했을 때 표준점수에 가점 등을 부여하기도 한다. 주로 최상위권이 관심 갖고 고민할 만한 부분이다. 하지만 과탐Ⅱ 과목은 그만큼 내용이 어려울뿐더러 가점을 받는다고 해서 꼭 과탐Ⅰ 과목보다 유리할 것이라는 보장은 없기에 신중하게 판단해야 한다. 실제로 최상위권 학생들이 과탐Ⅱ 선택의 메리트를 별로 크게 느끼지 못해서 과탐Ⅰ으로 많이 이동하고, 오히려 성적이 애매한 학생들이 가점의 덕을 보기 위해 도전하는 경우도 많다고 한다.

표준점수 + 변환표준점수(변환점수)

변환표준점수란 선택 과목들 사이의 유불리를 해소하기 위해 백분위를 기준으로 별도 환산을 거친 점수를 의미한다. 대표적으로 탐구 영역은 과목별 응시자 수, 난이도, 응시하는 수험생의 수준과 성적 분포 등 여러 요인으로 인해 같은 원점수나 백분위라 하더라도 표준점수가 달라질 수 있다. 이런 문제는 상위권에서 더욱 두드러지는데, 같은 원점수임에도 불구하고 과목별로 표준점수가 1~2점에서 많으면 7점까지 차이나는 등 매해 시험에 따라 점수 차이를 예측하기 어렵다. 예를 들어 똑같이 원점수 만점을 받았는데 과목에 따라 어떤 학생은 표준점수가 67점이고 다른 학생은 74점이라 하면 67점을 받은 학생이 다른 지원자에 비해 크게 불리할 수 있다.

이런 점수 차이를 어느 정도 보정하기 위해 백분위를 기준으로 변환점수를 산출해 이를 평가에 반영하는 것이다. 변환표준점수로 반영하게 되면 백분위 구간별 점수 차가 기존 표준점수의 차이보다 많이 줄어들기 때문이다. 다만 모든 영역에서 변환표준점수를 사용하지는 않고 보통 국어, 수학은 표준점수를 반영하고 탐구 영역에서 변환표준점수를 반영하는 식으로 함께 사용한다. 다만 백분위에 따른 변환표준점수는 대학마다 다르게 계산하고 부여할 수 있으며, 보통 인문계열과 자연계열을 구분하여 서로 다른 점수체계를 사용한다. 따라서 수능 전후로 공지되는 대학별 변환표준점수표를 직접 확인할 필요가 있다.

2028학년도 수능부터는 탐구 영역도 공통 과목 체제로 바뀌기 때문에 변환표준점수를 사용하지 않을 가능성이 높다. 그러나 2027학년도 대입까지는 여전히 이를 고려하여 지원 대학을 정해야 한다.

백분위

백분위는 과목·영역별로 자신의 상대적 서열을 나타내는 지표이다. 자신보다 낮은 점수를 받은 학생들의 비율을 백분율로 나타낸 것으로, 이름에서도 알 수 있듯이 0~100의 범위에서 산출된다. 예를 들어 백분위가 90이라면 자신보다 점수가 낮은 학생들이 90%라는 뜻으로, 자신은 상위 10%라는 뜻이다.

백분위를 반영하는 대학들은 보통 중~하위권 대학에 주로 분포해 있다. 최상위권 대학들은 주로 표준점수나 변환표준점수를 활용하기 때문이다. 또한 다른 영역은 백분위를 쓰더라도 절대평가인 영어는 등급별 환산점수를 사용하는 경우가 많고, 한국사는 응시 여부만 보거나 활용하더라도 가산점, 차등 감점, 동점자 처리 등 보조적인 수단으로 사용한다. 백분위를 반영하는 대학 중에서도 메디컬 계열만큼은 표준점수와 백분위를 병용하거나 표준점수와 변환표준점수를 사용하는 경우도 있다. 메디컬 계열은 대학의 네임밸류와는 별개로 독자적 가치를 갖기 때문에 경쟁이 치열하고, 어느 대학이나 메디컬 계열은 보다 엄격한 선발 기준을 적용하기 때문이다.

등급

일부 하위권 대학 중에서는 등급을 중심으로 평가하기도 한다. 이 경우 다른 케이스의 영어 반영 방법과 같이 등급별로 환산점수를 부여하고, 각 영역별 환산점수를 소정의 비율에 따라 합산하여 총점을 계산한다. 보통 등급이 내려갈수록 일정한 간격으로 차등 감점이 되는 경우가 많다.

정리하자면 정시는 수능 성적으로 한 판 승부를 벌이는 방식이며 수능 성적은 표준점수, 백분위, 등급의 3가지 요소로 구성된다. 전형 요소가 수시보다 단순하기 때문에 대학은 각각의 요소를 어떻게 계산하고 반영할지를 고심하며 다양한 방법을 만들어낸다. 비유하자면 적은 요리 재료로 조리 방법을 다양하게 하는 것이다. 따라서 정시 전형을 파악할 때 너무 천차만별일까봐 겁먹을 필요는 없다. 어느 정도의 경향성이 있다는 점을 인지하며, 지원하고자 하는 대학들의 세부 반영 방식을 서로 비교해 본다면 대학의 전형 특징과 자신의 유불리를 이해하기 한결 수월할 것이다.

TEST 4장. 정시, 간단한 룰과 복잡한 눈치싸움

01. 정시 모집의 일반적인 진행 시기는 언제부터 언제까지인가?

① 3월 말부터 5월
② 6월 말부터 8월
③ 9월 말부터 11월
④ 12월 말부터 2월
⑤ 1월 말부터 3월

02. 2025학년도 기준 정시에서 수능위주 전형이 차지하는 비율은 대략 어느 정도인가?

① 약 40%
② 약 50%
③ 약 70%
④ 약 80%
⑤ 약 90%

03. 정시 군별 지원 제도에 대한 설명으로 옳지 않은 것은?

① '가'군, '나'군, '다'군의 총 3개 군으로 나뉜다.
② 각 군별로 한 번씩, 총 3번의 지원 기회가 주어진다.
③ 한 모집기간군에 원서를 쓰지 않으면 다른 모집기간군에서 넘겨받아 2번 이상 지원할 수 있다.
④ 전문대학, 산업대학, 과학기술원 등은 군별 지원 제한에 구애받지 않고 지원할 수 있다.
⑤ 분할모집하는 대학의 경우 한 학교 안에서도 여러 군에 학과를 나누어 모집하기도 한다.

04. 2026학년도 기준 정시에서 학생부를 반영하는 대학-전형에 해당하지 <u>않</u><u>는</u> 것은?

① 서울대 - 지역균형전형
② 연세대 - 일반전형
③ 고려대 - 교과우수전형
④ 성균관대 - 일반전형 (일반계열)
⑤ 한양대 - 특별전형

05. 정시에서 대학이 수능 성적을 반영할 때 사용하는 성적 지표가 <u>아닌</u> 것은?

① 원점수
② 표준점수
③ 변환표준점수
④ 백분위
⑤ 등급

06. 표준점수와 관련하여 옳은 것은?

① 같은 원점수일 때 표준점수가 높으면 시험이 쉬웠다는 의미이다.
② 시험 난이도와는 관계없이 항상 일정한 값을 가진다.
③ 같은 원점수 기준 표준점수가 낮아졌다면 시험이 어려웠다는 의미이다.
④ 국어, 수학 영역의 경우 선택 과목에 따라 같은 원점수여도 표준점수가 다를 수 있다.
⑤ 탐구 영역의 모든 과목에서 표준점수는 0~50점 범위로 산출된다.

TEST 4장. 정시, 간단한 룰과 복잡한 눈치싸움

07. 어떤 학생의 백분위가 80이라고 할 때, 이 학생의 성적에 대한 설명으로 가장 적절한 것은?

① 자신보다 성적이 높은 학생들이 80%라는 뜻이다.
② 자신보다 성적이 낮은 학생들이 80%라는 뜻이다.
③ 시험에서 받은 원점수가 80점이라는 뜻이다.
④ 해당 과목에서 80등을 했다는 뜻이다.
⑤ 해당 과목의 등급이 8등급이라는 뜻이다.

08. 변환표준점수(변환점수)가 도입된 주된 목적은 무엇인가?

① 원점수의 인플레이션을 방지하기 위해
② 영역별 총점을 일률적으로 계산하기 위해
③ 각 선택 과목의 수능 응시자 수를 늘리기 위해
④ 선택 과목 사이의 표준점수 유불리를 해소하기 위해
⑤ 모든 선택 과목의 등급컷을 동일하게 고정하기 위해

09. 정시에서 영역별 반영 비율 또는 가중치에 대한 설명으로 옳지 않은 것은?

① 인문/사회계열은 보통 수학보다 국어의 비중이 높다.
② 이공계열은 수학의 비중이 가장 높은 편이다.
③ 인문/사회계열 중 경영·경제학과는 수학의 반영 비율을 높게 잡기도 한다.
④ 계열에 상관없이 탐구 영역은 국어, 수학 영역보다 비중이 낮다.
⑤ 중·하위권 대학에서는 영역 구분 없이 높은 점수 순으로 높은 비중을 부여하기도 한다.

10. 정시에서 등급을 중심으로 평가하는 대학들의 일반적인 특징은?

① 주로 최상위권 대학이 이에 해당한다.
② 대학에 관계없이 메디컬 계열 학과에서 주로 적용된다.
③ 주로 하위권 대학 중 일부에서 등급별 환산점수를 부여하여 평가한다.
④ 국어, 수학 영역에서는 등급을, 탐구 영역에서는 백분위를 사용한다.
⑤ 국어, 수학 영역에서는 표준점수를, 탐구 영역에서는 등급을 사용한다.

5장
고입, 사실은 더 급한 문제

대학교 입시에 대해서 어느 정도 알게 되면 슬슬 드는 생각이 있다. '대학교 이전에 고등학교부터 좋은 곳에 가야 하지 않을까?' 자연스레 고등학교 입시에도 관심을 갖고 알아보게 된다. 고등학생 학부모에게 대입은 당장 닥친 현실이자 실전이지만, 중학생 또는 초등학생 학부모에게는 아직 거리감이 느껴지는 미래일 수 있다. 오히려 시간적으로 대입보다 고입이 더 급하고 가까운 문제다. 일찍부터 입시에 관심을 갖기 시작한 경우 대입을 위한 준비 단계로서 고입부터 제대로 준비하려는 학부모들이 많다.

고등학교 입시는 대학교 입시보다 훨씬 단순한 편이다. 일반고의 경우 평준화 지역은 추첨으로 배정되기 때문에 입시라고 할 만한 것이 별로 없으며, 그 외의 학교라 하더라도 대학보다는 입시 전형이 복잡하지 않다. 그래서 대입 제도의 기본 틀을 이해했다면 고입 제도도 어렵지 않게 개관할 수 있다. 여기서는 고입을 준비하기 위해 기본적으로 알아야 할 사항에 대해 소개한다. 먼저 고등학교의 종류를 간략히 알아보고, 이를 바탕으로 한 고입 제도의 기본적인 틀을 정리한다.

고등학교 종류

*

고등학교 입시를 이해하려면 우선 고등학교 종류를 알아야 한다. 지원하려는 고등학교의 기본적인 특징은 그 학교가 어떤 종류인지에 따라 크게 달라지기 때문이다. 그러나 훨씬 더 많은 관심을 받는 대학에 비해 고등학교는 많이 언급되지 않아서인지, 어떤 종류가 있는지 잘 모르거나 헷갈리는 사람이 많다. 물론 같은 종류 내에서도 학교별 특징은 저마다 다르겠지만, 법적인 분류를 바탕으로 학교를 나눠보면 다음과 같다.

① 일반고

이름에서 알 수 있듯 비율이 가장 높고 보편적인 고등학교이다. 특정 분야에 집중하기보다는 전반적으로 넓은 교과를 두루 다루는 무난한 교육과정을 운영한다. 과거 '실업(계)고' 또는 '전문(계)고'라 불리던 특성화고와 구분하여 '인문(계)고'라고 부르기도 한다. 다른 학교도 그렇지만 일반고는 정부로부터 교육교부금을 지원받아 학교를 운영하는데, 공립이라면 거의 전적으로 여기에 예산을 의존한다. 그런데 예산이 넉넉한 편은 아니라서 다양한 교육 프로그램을 운영하기에 한계가 있다. 그래서 재원이 풍부한 사립학교가 아닌 이상 일반고에서 교육 시스템으로 특별한 성과를 내기란 쉽지 않다.

모든 고등학교 유형 중에 일반고가 가장 많기 때문에 일반고 내에서는 학생들의 수준 차이가 많이 나는 편이다. 중학교 때 공부를 잘하던 학생들 상당수가 특목고, 자사고 등으로 넘어가기 때문에 자연히 일반고의 평균적인 학습 수준은 이들에 비해 낮을 수밖에 없다. 이는 일반고가 학습 분위기가 별로 좋지 않다는 인식과 연결된다. 모든 학생이 공부에 집중하고 성심껏 대입을 준비하는 분위기가 아니기 때문이다. 이는 일반고에 진학해 높은 내신을 노리는 학생들에게 양날의 검이 될 수 있다. 특목고, 자사고와 비교하면 내신을 잘 받기가 좀 더 수월할 수 있으나, 그 과정에서 일반고의 학습 분위기를 극복하면서 학습에 집중해야 하기 때문에 나름대로의 고충이 있을 수 있다. 또한 진학한 학교의 수준이 너무 낮을 경우 내신에만 맞춰 공부하면 수능 성적이 잘 나오지 않을 수 있다. 이런 경우 수능 최저학력기준을 맞추기 위해 내신보다 심화된 추가 학습을 해야 하는 점을 염두에 두어야 한다. 물론 일반고라 하더라도 어느 학군인지에 따라 수준이 다르고 같은 학군 내에서도 학교에 대한 평판이나 시스템에 따라 학교별 차이가 나기도 한다. 그러나 많은 경우 일반고는 수준이 낮다는 인식이 퍼져있다.

한편 일반고 중에서 '교과 중점 학교'라는 것이 있다. 예를 들어 과학 중점 학교 등으로 알려진 학교가 이에 해당한다. 교과 중점 학교란 교육청으로부터 지정되어 학교가 교육과정에서 자율적으로 편성할 수 있는 수업 단위 중 50% 이상을 특정 교과로 편성할 수 있는 학교다. 과학 중점 학교가 가장 익숙하지만 그 외에도 예술, 체육, 사회, 제2외국어, 기술, SW(소프트웨어), 융합 등으로 분야가 다양하다. 이러한 교과 중점 학교는 보통의 일반고 교육과정에서는 배워볼 수 없는 과목들이 개설되어 들을 수 있다는 점에서 강점을 갖는다. 다만 이런 자율성을 실제로 어떻게 활용하여 교육과정을 운영하는지는 학교별로 다를 수 있으므로 학교교육과정을 살펴봐야 한다.

교과 중점 학교 중에는 앞서 설명한 것처럼 교육과정을 중점적으로 운영하는 학교도 있고, 특정 교과 중점 수업을 듣는 학급을 별도로 운영하는 학교도 있다. 전자는 교육과정을 특정 교과 중점으로 운영하는 것으로 학생들이 해당 과목을 들을지에 대해서는 선택의 여지가 있다. 사회, 제2외국어, 기술, SW, 융합 등의 중점 학교가 보통 여기에 속한다. 후자는 교과 중점 학급에 배치된 학생들은 해당 교과 중점 수업을 반드시 들어야 한다. 과학, 예술, 체육 중점 학교가 보통 여기에 속한다.

교과 중점 학교 중 가장 많이 알려져 있고 관심을 받는 쪽은 아무래도 과학 중점 학교일 것이다. 비록 분류상 일반고이지만 마치 특목고인 과학고처럼 수학과 과학을 많이 이수하며 심화학습을 하기 위한 목적을 갖는다. 그래서 과학 중점 학급, 소위 '과중반'에 들어간 학생은 수학 5과목(수학Ⅰ·Ⅱ, 확률과 통계, 미적분, 기하)과 과학 8과목(물리학Ⅰ·Ⅱ, 화학Ⅰ·Ⅱ, 생명과학Ⅰ·Ⅱ, 지구과학Ⅰ·Ⅱ)은 기본적으로 다 듣는다고 보면 된다. 당연히 일반 학급에 비해 학업 부담이 훨씬 커지겠지만 그만큼 이공계열 학종에서 유리하게 평가받을 수 있는 기회이기도 하다. 이런 과중반에 들어가는 방식은 지역·학교에 따라 크게 2가지로 나뉜다. 고입 단계에서 과중반에 편성될 학생을 따로 선발하기도 하고, 1학년 재학생 중에서 신청-선발을 통해 2학년 때부터 별도

학급으로 운영하기도 한다. 이외에도 다양한 법적 근거를 통해 일반고가 그저 일반적인 학교로만 남아있지 않도록 다양한 기회와 권한을 부여하려는 교육정책이 시도되고 있다. 그에 따라 자기만의 특색과 강점을 갖춘 학교들도 있다. 가장 숫자가 많은 일반고인 만큼 찾다 보면 그만큼 다양한 모습의 학교가 있기 때문에 진학하고자 하는 지역의 학교들을 두루 살펴보는 것이 꼭 필요하다.

② 특목고

특목고란 특수목적고등학교의 줄임말이다. 즉 특정 분야에 집중된 교육이라는 특수한 목적을 갖고 교육과정을 운영하는 학교이다. 특목고에는 세부적으로 외국어고등학교, 국제고등학교, 과학고등학교, 예술고등학교, 체육고등학교, 마이스터고등학교가 있다.

외국어고등학교는 외국어를 중점적으로 교육하기 위한 학교다. 외고는 교육과정에서 일반고에서 볼 수 있는 보통교과 외에도 전문교과 Ⅰ[11] 중 외국어 계열의 교과목들을 집중적으로 편성한다. 외고에는 외국어별로 자신의 전공을 선택할 수 있으며 영어, 일본어, 중국어, 프랑스어, 독일어, 스페인어, 러시아어, 아랍어, 베트남어가 있다. 이중 영

---

11) 2015개정 교육과정 기준 교과 구분이며, 외국어·국제·과학·체육·예술 계열의 전공 및 심화 교과목으로 구성되어 있다. 사실상 특목고를 위한 교과 편제인데, 2022개정 교육과정에서는 이를 보통교과로 편성하여 일반고에서도 개설할 수 있도록 했다. 하지만 실제로 일반고에서 이를 적극 개설할지는 미지수이다.

어, 일본어, 중국어와 각종 유럽어과는 많은 외고에 개설되어 있으나 아랍어, 베트남어과는 극소수의 학교에만 있다. 학교별로 개설된 전공 현황이 다를 수 있으므로 반드시 학교 현황을 먼저 살펴야 한다. 외국어를 집중적으로 배우기 때문에 외국어에 소질이 있거나 미리 많이 학습해 두는 것이 필요하며, 다양한 교육 프로그램으로 수시 대비에 강점이 있어 문과 상위권들이 많이 몰리는 곳이기도 하다. 2025년 기준 외고는 전국에 총 28개교가 있으며 공립과 사립이 각각 14개교씩이다. 그중 서울에 6개교, 경기에 8개교가 있어 전체의 절반을 차지하며 나머지는 각 지역별로 1~2개교씩 분포하고 있다.

국제고등학교는 국제적인 전문성을 가진 인재 양성을 위한 고등학교이다. 국제고는 교육과정에서 전문교과Ⅰ 중 국제 계열과 외국어 계열의 교과목들을 집중적으로 편성한다. 국제적인 인재는 당연히 외국어도 할 줄 알아야 하기 때문에 외국어 계열 교과목도 들어가는 것으로 보이나, 그중 국제 계열 과목이 절반 이상이어야 한다. 이 학교 또한 외고처럼 문과 상위권 학생들이 몰리는 곳이라서 특목고를 논할 때 인문계 쪽으로는 외고와 함께 묶어서 다뤄진다. 2025년 기준 전국에 총 8개교가 있으며, 1곳을 제외하고는 모두 공립이다. 한편 국제고는 외국어 계열 교과목을 개설할 수 있으나 외고는 국제 계열 교과목을 개설할 수 없었다. 그러나 2024년 1월 16일 국무회의에서 외고와 국제고를 통합하는 개정령안이 통과되었다. 이는 2025년부터 도입되는데, 외고와 국제고가 '외국어 국제계열' 고등학교로 통합되면서 외고에서도 국제 계열 교과목을 개설할 수 있게 된 것이다. 물론 외고가 국제 계열 교과목을 개설하지 않고 기존처럼 운영할 수도 있으나, 권한상으로는 외고와 국제고가 같은 방식의 교육과정을 운영할 수 있게 된 셈이다. 외고가 국제 계열 교과목을 개설하게 되면 국제고 진학을 희망하는 학생들에게는 선택지가 늘어나는 것이므로 이에 따른 외고 및 국제고 간 관계 변화가 생길 수도 있다. 추후 외고들이 얼마나 어떻게 전환할 것인지, 그에 따른 입시 환경의 변화도 지켜볼 대목이다.

과학고등학교는 과학적 역량을 기르고 전문 지식을 갖추게 하기 위한 고등학교이다. 과고는 교육과정에서 전문교과Ⅰ 중 과학 계열의 교과목들을 집중적으로 편성한다. 그래서 과고에서는 수학, 물리학, 화학, 생명과학, 지구과학 등을 매우 심화해서 배우며 사실상 대학 기초 수준까지 배운다고 할 수 있다. 그러다 보니 외고, 국제고가 문과 상위권이 노리는 곳이라면 과학고는 이과 상위권이 노리는 곳이 되었다. 이에 따라 과학고 진학을 원하는 학생들은 초등·중학교 때부터 수학, 과학 선행학습을 매우 많이 해두는 모습을 볼 수 있다. 그러나 이공계 인재를 육성하기 위한 설립 취지가 무색하게도 많은 학생들이 의대 진학을 택하는 일이 빈번하게 일어나기도 한다. 과고는 전국에 20개교가 있으며 전부 공립이다. 참고로 서울과학고등학교, 대전과학고등학교, 대구과학고등학교, 광주과학고등학교, 경기과학고등학교는 과고가 아닌 영재학교이다. 이전에 과고였다가 영재고로 전환하면서 이름을 바꾸지 않았기 때문이다.

다른 학교와 다르게 과고는 2년 만에 조기졸업을 할 수 있다. 물론 이를 위해서는 성적이 매우 높아야 하며 그만큼 교육과정도 압축적으로 소화해야 하니 결코 쉽지 않다. 단 조기졸업이 의대 진학의 꼼수로 악용되는 것 때문에 2014학년도부터 지속적으로 조기졸업 요건이 강화되어왔다. 최근에는 2024년 5월 9일 교육부의 결정에 따라 2025년 입학생부터는 조기졸업 요건이 성적 상위 15% 이내, IQ검사 결과 145 이상으로 재차 강화되었다.

예술고등학교는 예술인을 전문적으로 양성하기 위한 고등학교이다. 예고는 교육과정에서 전문교과 I 중 예술 계열 교과목을 집중적으로 편성한다. 여기에는 음악, 미술뿐만 아니라 무용, 문예, 연극, 영화 등 다양한 분야를 두루 포함한다. 다만 어느 학교에 어떤 전공이 있는지는 학교마다 차이가 있으므로 반드시 해당 학교의 현황을 파악해야 한다. 2025년 기준 예고는 전국에 25개교가[12] 있는데, 이는 특목고로 분류된 곳만 해당하는 숫자다. 실제로 학교 이름에 '예술'이 들어간 학교는 훨씬 더 많지만 특목고가 아닌 특성화고나 학력 인정 학교인 경우도 많아서 잘 살펴봐야 한다. 특성화고나 학력 인정 학교라고 해서 특목고보다 못하다는 뜻이 아니라, 다른 계열과 달리 예술 계열 학교는 특목고 외의 형식으로도 많이 존재하기 때문에 무조건 특목고만 찾아볼 필요는 없다는 뜻이다.

체육고등학교는 체육인을 전문적으로 양성하기 위한 고등학교이다. 체고는 교육과정에서 전문교과Ⅰ 중 체육 계열 교과목을 집중적으로 편성한다. 일부 체고는 체육중학교와 함께 중·고등학교 형태로 운영하기도 한다. 2025년 기준 전국에 총 16개교가 있으며 모두 공립이다. 광역 지자체별로 1개씩 분포하고 있으나 세종시와 제주도에는 없다. 대신 제주도에는 남녕고등학교가 있는데, 남녕고는 분류상으로는 일반고지만 체육 중점 학급을 편성해 운영하고 있어서 제주도의 체고 역할을 하고 있다. 이외에 체육 종목을 두루 다루는 것이 아닌 특정 분야에 집중하는 학교도 있다. 특성화고였다가 2015년부터 체고로 지정된 함평골프고등학교가 있고, 2019년부터 체고로 지정된 한국바둑고등학교가 있다.

마이스터(Meister)고등학교는 특정 산업 수요와 연계해 해당 분야의 기술적 장인을 육성하기 위한 학교이다. 법적으로는 산업수요 맞

---

12) 2024년까지 26개교였으나, 2025년부터 전주예고가 일반고(예술계열)로 전환되면서 25개교로 감소했다.

춤형 고등학교로 불린다. 취지상 실업(전문)계 고등학교의 발전된 형태라고 할 수 있지만, 특성화고가 아닌 특목고로 분류된다. 마이스터고는 앞서 소개한 학교들과 달리 '보통교과 + 전문교과Ⅰ'이 아닌 '보통교과 + 전문교과Ⅱ[13]'에서 교과목을 선정하여 편성한다. 또한 앞선 학교들보다 보통교과 최소 편성 단위가 낮아서 전문교과에 더 많이 집중할 수 있다. 분야는 전자, 기계, 에너지, 철강, 조선, 자동차, 항공, 해양, 통신, 로봇, SW, 식품, 첨단농업, 차세대전지, 바이오, 반도체장비, 말 산업, 항만물류, 석유화학, 뉴미디어콘텐츠, 의료기기, 발전 등으로 매우 다양하며, 한 학교가 특정 한두 분야를 집중적으로 다루는 방식으로 교육을 운영한다. 2025년 기준 전국에 53개교가 있으며 대부분이 국·공립이다.

마이스터고는 선 취업 후 학습 모델을 기반으로 운영된다. 그래서 특성화고보다도 더욱 취업에 집중하게 되며 특성화고와 달리 졸업 직후 대학 진학은 사실상 매우 어렵다. 교과 이수 내역이 수시 기준에 안 맞는 경우가 많을뿐더러 대학에서 마이스터고 학생은 지원할 수 없게 하는 경우도 있기 때문이다.

만약 마이스터고 학생이 대학에 진학하고 싶다면 우선 취업을 하고

---

[13] 2015개정 교육과정 기준 교과 구분이며, 다양한 산업 분야의 직업계열 교과목으로 구성되어 있다. 직업계열 교육을 실시하는 마이스터고와 특성화고를 위한 교과 영역이다. 2022개정 교육과정에서는 기존의 '전문교과Ⅰ'이 보통교과로 편성됨에 따라 '전문교과Ⅱ'는 '전문교과'가 되었다.

3년 뒤 재직자 특별전형을 선택하거나 따로 수능을 준비해야 한다. 따라서 취업 중심 목적으로 기술을 배우고 싶다 하더라도 대학 진학을 어느 정도 염두에 두고 있다면 마이스터고와 특성화고를 구분해서 살펴봐야 한다.

③ 특성화고

특성화고등학교는 특정 분야의 인재 양성을 목표로 하는 고등학교다. 설명만 보면 특목고랑 비슷해 보이나 둘은 서로 다른 법 조항에 근거를 두고 있어 별도의 유형으로 나뉜다. 이름에서 알 수 있듯이 특성화고는 특정 분야를 중심으로 교육과정을 편성하여 운영할 수 있다. 특성화라는 단어가 조금 넓게 쓰이면 대안학교까지 아우르는 말이 될 수도 있지만, 보통 '특성화고'라고 하면 실질적으로 과거의 실업계·전문계·직업계라 불리던 학교를 통칭한다. 그래서 특성화고는 어떤 분야를 다루느냐에 따라 공업, 농업, 상업, 정보, 수산·해운, 가사·실업, 예술 계열 등으로 나뉘며 그 안에서도 다양한 과가 존재한다. 그리고 교육과정에서 마이스터고와 같이 전문교과Ⅱ에서 관련 교과목을 집중적으로 편성한다.

전문교과Ⅱ에 포함된 교과는 경영·금융, 보건·복지, 디자인·문화 콘텐츠, 미용·관광·레저, 음식 조리, 건설, 기계, 재료, 화학 공업, 섬유·의류, 전기·전자, 정보·통신, 식품 가공, 인쇄·출판·공예, 환경·안전, 농림·수산 해양, 선박 운항 등으로 매우 광범위하지만 모두 직업 현장에 필요한 기술을 배우기 위한 과목이라는 점은 같다. 2025년 기준 직업교육 특성화고는 전국에 463개교가 있으며 학교마다 몇몇 분야에 집중하여 학과 및 교육과정을 개설·운영한다. 그래서 만약 원하는 분야가 있다면 해당 과가 어느 특성화고에 있는지를 찾아봐야 한다.

특성화고는 기술 학습 중심의 학교이기 때문에 학교 수업도 중요하지만 관련 분야의 자격증 취득이 매우 중요하다. 취업에 직접적으로 필요하기 때문이다. 그래서 교육과정이 자격증 취득 및 기술 습득을 중심으로 운영된다. 동시에 학생들 또한 보통교과 중심의 학습보다는 기술 학습에 관심을 갖고 들어오기 때문에 - 바꿔 말하면 중학교 때 공부를 잘하던 학생이 아닌 경우가 많기 때문에 - 학생들의 국영수 학습 수준이 인문계 학교에 비하면 평균적으로 낮다. 이 때문에 보통교과의 수업이나 시험 난이도는 매우 낮으며, 학생이 잘 따라갈 수 있다면 내신을 잘 받는 것은 인문계보다 쉽다.

특성화고를 간 이상 기술만 있으면 되지 굳이 내신을 신경 쓸 필요가 있을까 싶지만, 특성화고는 마이스터고와 달리 대학 진학이 시스템적으로 열려있는 편이며 실제로도 졸업 후 바로 취업하는 학생보다 대학(주로 전문대학)에 진학하는 학생이 더 많기도 하다. 따라서 특성화고의 내신 난이도를 떠나 대학 진학을 염두에 두고 있다면 자격증을 따느라 바쁜 와중에도 내신 관리를 위해 노력해야 한다.

앞서 잠시 언급한 대안학교는 기존의 공교육 제도의 부족함을 보완하고 극복하기 위한 교육을 실시하는 학교다. 일반적인 학교의 교육 프로그램과는 다르게 자율적인 교육과정을 추구하기 때문에 '대안교육'을 실시한다고 하며, 이름 또한 대안학교인 것이다. 사실 엄밀히 말하면 대안학교는 특성화고 안에 속한 것은 아니며 특성화고와 구분되는 용어다. 대안학교는 좁은 의미로는 초·중등교육법상 '각종학교'라는 카테고리에 들어가는 별도의 학교이다. 그런데 대안적 교육을 실시하는 특성화 중·고등학교가 나타나면서, 특성화고의 하위 범주에 직업교육 특성화고 외에도 대안교육 특성화고가 생겼다. 그래서 넓은 의미로는 좁은 의미의 대안학교와 대안교육 특성화학교를 모두 아우르는 뜻으로도 이해할 수 있다.

대안학교는 기존 학교처럼 초등학교, 중학교, 고등학교 형태로 운영될 수도 있지만 초+중, 중+고, 초+중+고 등으로 학년을 통합해서 운영하는 경우도 있다. 2025년 기준으로 대안학교는 전국에 총 52개교가 있고, 이와는 별개로 대안교육 특성화고등학교는 26개교가 있다. 이외에도 대안교육기관이 있기는 하지만, 만약 교육부의 인가를 받지 않은 곳이라면 졸업하더라도 학력이 인정되지 않으니 주의해야 한다. 공립 대안학교는 공립인 만큼 인가가 되어 있지만 사립 대안학교 중에서는 인가가 된 곳이 있고 아닌 곳이 있기 때문에[14], 만약 대안학교를 알아보고 있다면 공·사립인지와 더불어 인가 여부를 꼭 확인해야 한다. 비인가 대안학교를 가고 싶은데 학력 인정도 받고 싶다면 검정고시를 따로 쳐야 하기 때문이다. 대안학교에 대한 설명을 읽으면서 어렴풋이 느꼈겠지만, 다른 종류의 학교들과는 교육철학과 운영 방식이 사뭇 다를 수 있다. 학교에 따라 차이는 있겠지만 대체로 대입을 체계적으로 준비하는 분위기는 아니며, 대입에서 다른 학교에 비해 유리하다고 보기도 어렵다. 그러므로 대안학교를 진학하고자 한다면 사전에 그 이유와 목적을 분명하게 설정하기를 권한다.

④ 자율고

자율고등학교는 학교가 교육과정, 학사 운영 등을 자율적으로 구성할 수 있도록 허가받은 학교이다. 과거 자립형 사립고로 불리는 명문

---

[14] 대안학교는 교육부 인가를 받아야 '각종학교'에 속한다. 비인가 사립 대안학교는 「초·중등교육법」상의 각종학교가 아닌, 「대안교육기관에 관한 법률」에 따라 설립된 곳이다. 그래서 엄밀히 말하면 대안'학교'가 아닌 대안'교육기관'으로 분류되어 학력 인정이 되지 않는다.

고등학교들이 있었으나 이후 자율고 체제로 편입되면서 '자율형 사립고(자사고)'로 불리고, 공립학교 중에서도 자율고로 지정되어 '자율형 공립고(자공고)'가 되기도 한다. 특목고가 특정한 분야에 집중하여 교육과정을 편성하는 데 비해 자율고는 기본적으로 학교교육과정의 색채가 특정 분야에만 쏠려있지는 않다.

다만 같은 자율고로 묶이더라도 자사고와 자공고는 입시에 있어서 위상이 다르다. 자사고는 사립이기 때문에 설립 재단의 교육비 지원을 많이 받을 수 있는 편이고, 이에 힘입어 다양하고 질 좋은 교육 프로그램을 운영할 수 있다. 그래서 수시 중 학생부종합전형에 많은 도움을 받을 수 있다는 강점이 있다. 반면 자공고는 공립이기 때문에 교육청에 예산을 의존한다. 그래서 학교에 따라 다르겠지만 평균적인 재정적 여건이 자사고만큼 좋기는 힘들다. 그래서 좋은 교육 프로그램을 운영하는 곳도 있겠지만 일반고와 크게 다르지 않은 수준인 경우도 있을 수 있다. 자녀를 좋은 학교에 보내려고 하는 학부모들이 관심 갖는 학교가 특목고, 영재고와 더불어 자사고인 이유이다.

자사고는 2025년 기준으로 전국에 33개교가 있다. 이를 다시 10개의 전국단위 자사고와 23개의 광역단위 자사고로 나눌 수 있다. 광역단위 자사고는 학교 주변 일정 지역(시·도)에 거주하는 학생들만 지원할 수 있는 학교이고 전국단위 자사고는 거주지 상관없이 지원할 수 있는 학교이다. 이중 전국단위 자사고가 과거의 자립형 사립고의 위상을 이어받아 학부모들 사이에서 특목고와 견주어지는 자사고라 할 수 있다. 광역단위 자사고는 어느 학교냐에 따라 역량의 편차가 있다. 전국단위 자사고처럼 수시 대비에 강점을 가진 학교도 있고, 교과 역량에 집중해 수시보다는 정시 합격률이 더 높은 학교도 있다. 여담으로 광역단위 자사고는 대부분 서울에 많이 몰려있는데, 과거에는 그 수가 더 많았으나 조금씩 지정 취소가 되면서 감소하는 추세이다. 가장 최근 사례로는 서울 내 광역단위 자사고였던 이대부고가 2025년부터 일반고로 전환된 바 있다.

자사고는 상위권 중학생들 중 특목고처럼 특정 계열을 바로 정하기는 부담스러운 학생들에게 좋은 대안이 되기도 한다. 좋은 교육 프로그램을 경험할 수 있으면서도 일찍부터 특정 분야로 길을 정하지 않아도 되기 때문이다. 하지만 요즘은 상위권으로 갈수록 이과를 선택하는 비율이 높아지는 추세여서, 분야를 정하지 않고 학생을 모집하더라도 이과의 비율이 더 높은 현상이 나타나기도 한다.

자공고는 2025년 기준 전국에 총 61개교가 있으며 주로 비수도권에 분포해 있다. 원래 숫자가 이 정도는 아니었으나 2024년에 교육부가 '

자율형 공립고 2.0' 정책을 시범 운영하면서 새롭게 지정된 학교들이 많이 생겼다. 자율형 공립고 2.0의 핵심은 기존의 자공고(1.0)에서 더 많은 제도적 자율성을 부여하는 것이다. 예를 들어 기존의 지자체뿐만 아니라 대학·기업·법인 등과 연계 협약을 체결하여 다양한 교육 프로그램을 운영할 수 있고, 교육과정의 편성 또한 자사고·특목고 수준의 자율성을 부여받는다. 또한 공립학교임에도 교사 정원 100%를 초빙 임용할 수 있도록 열어주었으며 교원 추가배정과 산학겸임교사 임용을 지원한다. 재정적으로도 기존 학교운영비에 추가로 특별교부금 지급과 교육청 대응투자가 이루어지며 협약을 맺은 지자체나 기관에서도 지원을 받을 수 있다. 이러한 변화가 실질적으로 현장에 어떠한 효과를 불러일으킬지, 유의미한 교육환경 개선이 나타날지는 지켜봐야 한다. 그래도 자공고가 자사고의 이점을 공립학교에도 도입하자는 취지인 만큼 이러한 변화는 긍정적인 방향으로 보인다.

한편 자공고는 사람들에게 많이 익숙하지 않은 개념인지, 간혹 자율고와 자사고를 동의어로 알고 부르는 경우가 있다. 그래서 학부모들이 자율고라고 언급할 때도 들여다보면 자사고를 의미하는 경우가 있다. 하지만 제도적으로는 자공고도 자율고에 포함되므로 정말 자'사'고를 원한다면 이를 구분해서 학교를 찾아봐야 한다. 덧붙여 '자율고등학교'와 '자율학교'를 혼동하는 경우가 있다. 둘 다 자율이라는 단어가 들어가지만 엄밀히 말해 둘은 다른 종류이다. 자율고등학교는 하나의 범주로서 일반고, 특목고, 특성화고 등과는 구분되는 고등학교의 한 유형이다. 반면 자율학교는 교육과정 및 학사 운영을 좀 더 자유롭게 할 수 있도록 지역 교육감들이 지정해 개별 학교에 권한이 부여된 것이다. 따라서 자율고는 그냥 자율고지만 자율학교는 일반고, 특성화고 등 여러 종류의 학교가 자율학교로 지정될 수 있다. 개별 학교에 추가적으로 지정함으로써 특정 방향으로 특화한다는 점에서 자율학교는 앞서 언급한 '중점학교'와 비슷한 개념으로 이해할 수 있다. 또한 자율학교는 고등학교뿐만 아니라 초·중학교에도 지정될 수 있다.

⑤ 영재고

영재고는 정확히 말하면 '영재학교'이며, 타고난 능력이 있는 학생들의 잠재력 계발을 위해 그에 맞는 교육을 실시하기 위한 학교이다. 앞서 설명한 일반고, 특목고, 특성화고, 자율고는 모두 초·중등교육법이 적용되지만 영재학교는 영재교육 진흥법에 따라 설립·운영된다는 점에서 근본적인 차이가 있다. 다만 영재교육 진흥법에는 '고등학교 과정 이하의 학교'를 명시하고 있지만 현재 우리나라에는 고등학교 과정의 영재학교만 있기 때문에 영재고라고 부르는 것이다. 또한 영재학교

자체는 특정 계열에 국한되어 있지 않으나 현재 우리나라에 있는 모든 영재학교는 전부 이공계열이기 때문에, 마치 외고와 국제고가 한 갈래로 묶이듯 과학고와 영재고도 비슷하게 묶인다. 즉 영재고도 과학고처럼 이과 상위권 학생들이 노리는 학교인 셈이다.

영재학교는 전국에 총 8개교가 있으며 6개의 과학영재학교와 2개의 과학예술영재학교로 나뉜다. 과학예술영재학교는 이공계적 능력뿐만 아니라 인문계적 소양도 함께 갖춘 융합형 인재를 육성하기 위한 학교이다. 다만 과학적 소양이 밑바탕이 되는 것은 마찬가지이며 교육과정상에 일부 과학-예술 융합 교과목이 편성되는 정도의 차이가 있다. 한편 영재고 중 이름이 '과학고등학교'인 경우가 있는데, 과거 과학고였으나 영재학교 지정 이후에도 이름을 바꾸지 않았기 때문이다. 서울과고, 경기과고, 대전과고, 대구과고, 광주과고가 여기에 속한다.

영재고는 교육과정과 학사 운영에 있어서 여타 학교들과는 다른 독특한 모습을 많이 보인다. 대표적으로 대학교처럼 학점제 교육과정과 4.3점 만점의 성적 체계가 있다. 또한 교육과정에 수학·과학 심화 과목이 잔뜩 포진해 있으며 일반 학교에서는 보기 어려운 과목도 존재한다. 워낙 심화 내지 선행 수준으로 수업을 하다 보니 대학 교과와 연계된 AP 과목[15]도 존재한다. 졸업도 쉽지 않은데, 일정 일수 이상 출석

---

15) AP 과목을 수강하고 KAIST, GIST, DGIST, UNIST와 같은 과학기술원에 진학할 경우 해당 과목에 대한 학점이 인정되어 대학에서 수강하지 않아도 된다. 다만 성적은 P/F 형식으로 인정되기 때문에 평균평점에는 반영되지 않는다.

하고 교과목을 이수하면 자연스럽게 졸업할 수 있는 다른 학교와 달리 영재고는 대학교처럼 여러 가지 조건을 충족해야만 졸업할 수 있다.

고등학교 입시 체계

※

대입의 큰 틀을 이해할 수 있는 공식 문서인 대입전형 기본사항과 대입전형 시행계획이 있듯이, 고입에도 이러한 공식 문서가 있다. 바로 고입전형 기본계획이다. 매년 3월 말경 전국의 각 시·도교육청은 홈페이지에 다음 학년도에 대한 고등학교 입학전형 기본계획을 게시한다. 이 문서에는 그해 고입 전형에 대한 기본적인 사항들이 기재되어 있다. 예컨대 지원 자격, 학교 종류별 전형 방법, 학교 지원 및 배정 방법 등이 있다. 고입전형 기본계획은 지역별로 발표되기 때문에 자신이 거주하고 있는 지역의 고입에 대해 알고 싶다면 그 지역의 교육청 홈페이지를 들어가야 한다.

앞서 설명했던 여러 고등학교들은 종류별로 다른 모집 시기를 갖는데, 이를 크게 두 부류로 나눌 수 있다. 먼저 모집을 진행하는 전기 고등학교와 나중에 진행하는 후기 고등학교이다. 전기고에는 특목고 중 과학고·예술고·체육고·마이스터고와 특성화고가 여기 해당한다. 모집 시기는 8월~11월까지 길게 걸쳐 있는데, 학교 종류별로 조금씩 차이가 있어서 원하는 학교가 있다면 직접 모집요강을 확인해야 한다. 대체로 과고가 제일 빠른 편이며 특성화고가 늦는 편이다. 추가로 영재고는 모집 시기가 훨씬 더 빨라 5월 말경에 원서 접수를 시작한다. 다음으로 후기고에는 일반고, 자율고, 특목고 중 외고·국제고가 해당한다. 모집 시기는 전기고 입시가 끝난 뒤 12월부터 시작하며, 전기고와 달리 후기고는 거의 비슷한 시기에 원서 접수를 시작한다.

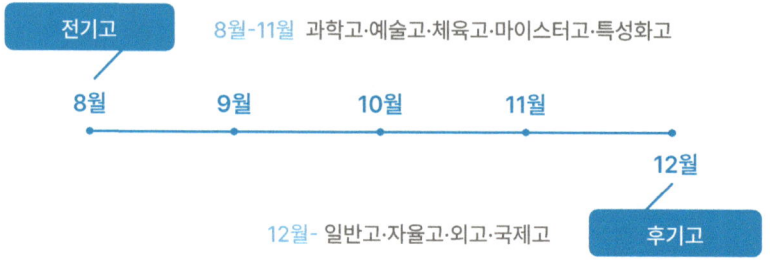

전기고와 후기고를 지원할 때 알아야 할 규칙을 설명하자면 다음과 같다.

전기고

① **전기고에 해당하는 모든 학교 중 한 곳에만 지원할 수 있다.**

예컨대 과학고와 마이스터고를 동시에 지원하거나 과학고 2곳을 동시에 지원할 수 없다는 뜻이다. 이를 소위 '이중 지원'이라고 하는데, 이중 지원을 하면 양쪽 모두 불합격 처리가 되니 주의해야 한다.

② **전기고에 지원해서 합격하면 후기고에는 지원할 수 없다.**

합격이 핵심이다. 합격 후 등록을 포기하더라도 후기고에 지원할 수 없다. 즉 등록하지 않는다면 재수를 해야 하는 셈이다. 따라서 처음부터 신중하게 지원해야 한다.

③ **전기고에 불합격했을 경우 후기고에 지원하거나 다른 전기고의 추가모집에 지원할 수 있다.**

지원한 전기고에 불합격했을 때 다른 전기고에서 추가모집을 한다면 지원할 수 있다. 하지만 인기가 많은 학교는 추가모집이 없을 가능성이 높고, 운 좋게라도 추가모집에 지원해 합격하면 당연히 후기고에는 지원할 수 없다.

④ 예외적으로, 마이스터고 불합격 후에는 특성화고에 한해 재지원할 수 있다.

둘 다 전기고지만 같은 직업계 안에서만 가능한 예외 사항이다. 또한 특성화고의 특별전형에 지원했다가 불합격하면 다른 특성화고 일반전형에 재지원할 수 있다.

후기고

① 후기고에 합격하면 다른 학교에 지원할 수 없다.

전기고 추가모집뿐만 아니라 다른 후기고에도 지원할 수 없다.

② 후기고에 불합격하면 다른 학교에 지원할 수 있다.

불합격 시 전기고 및 다른 후기고의 추가모집에 지원할 수 있다.

③ 합격 여부가 결정되기 전에 다른 학교에 지원할 수 없다. (비평준화 지역)

다시 말해 한 번에 한 학교만 지원할 수 있다는 뜻이다. 외고·국제고·자사고 등에 지원할 때 한 곳만 지원해야 한다는 뜻이기도 하다. 이후 불합격 결과가 나오면 전형 기간 내 다른 학교에 지원할 수 있다.

후기고 입시를 파악할 때 꼭 알아야 하는 개념이 있다. 바로 평준화/비평준화 지역이다. 평준화 지역은 고교평준화 정책이 적용되는 지역이며 비평준화 지역은 그렇지 않은 지역을 의미한다. 평준화 지역에서는 고등학교를 지원할 때 1지망, 2지망 등 우선순위에 따라 여러 학교를 동시에 지원할 수 있고, 비평준화 지역에서는 지원 및 선발 방식으로 한 번에 한 학교만 지원할 수 있다. 이는 원래 일반고 지원 방식에 영향을 미치는 제도인데, 평준화/비평준화 지역 여부에 따라 동시 지원할 수 있는 일반고 수의 차이가 생기기 때문이다.

그런데 이는 결과적으로 일반고뿐만 아닌 후기고 입시 전체에 영향을 미친다. 평준화 지역 학생은 외고·국제고·자사고에 지원하고 싶다면 한 곳을 골라 1지망으로 적고, 다른 평준화 일반고를 2지망으로 적는 식으로 동시에 지원할 수 있다.[16] 반면 비평준화 지역 학생은 외고·국제고·자사고와 비평준화 일반고(자공고 포함)가 동일 선상에 놓이기 때문에 이 중에서 한 곳만 선택해 지원할 수 있다. 즉 비평준화 일반고를 지원했다면 외고·국제고·자사고에는 지원할 수 없게 되는 것이다.[17] 비평준화 지역 거주 학생들이 평준화 지역 거주 학생들과 비교해 고입에서 불리하다는 지적이 나오는 이유이다.

그렇다면 자신이 거주하는 지역이나 다니는 학교가 평준화/비평준

---

16) 다만 이 경우 1지망 학교에서 떨어지면 2지망 일반고 배정 시 해당 학교를 1지망으로 적은 학생들에 비해 배정에서 불리할 수 있다. 또한 아예 일반고를 가고 싶지 않다면 2지망 이하에 일반고를 적지 않는 방법도 있다. 일반고에 원서 접수를 하지 않으면 외고·국제고·자사고 추가모집에 지원할 수 있기 때문이다. 그러나 이는 배수의 진을 치는 전략이기에 매우 신중해야 한다. 추가모집이 나올 가능성이 높지 않을뿐더러 추가모집에서도 불합격하면 아예 고입 재수를 해야 하는 불상사가 생길 수 있기 때문이다.
17) 이는 평준화 지역 학생이 전국 단위로 모집하는 비평준화 지역 일반고에 지원할 때도 마찬가지다.

화 지역인지는 어떻게 확인할 수 있을까? 학교에 문의할 수도 있고 온라인에서 직접 찾아볼 수도 있다. 온라인의 경우 각 시·도마다 조금씩 차이가 있지만 교육청 홈페이지에 게시하는 경우도 있고, 앞서 언급한 고입전형 기본계획 문서에 기재하는 경우도 있다. 지역에 따라 고입전형포털을 운영하는 경우 고입전형포털에서 가장 편하게 파악할 수 있다. 하지만 각 시·도교육청에서 안내하는 방법이 제각기 다르고, 교육청에 따라 안내가 미흡한 경우도 있어 이는 아쉬운 부분이다.

혹 후기고를 논할 때 '학교장 선발 고등학교'와 '교육감 선발 고등학교'라는 분류가 나올 때가 있다. 학교장 선발 고등학교는 학교장이 선발의 재량권을 가지고 있는 학교로, 선발을 통해 학생을 모집하는 모든 고등학교를 의미한다고 보면 된다. 즉 외고, 국제고, 자사고, 비평준화 일반고가 여기에 속한다. 반면 교육감 선발 고등학교는 주로 전산 추첨을 통해 학생을 배정하는 평준화 일반고를 의미한다고 생각하면 된다.

한편 영재고는 위 규칙에 전혀 영향을 받지 않는다. 앞서 설명했지만 영재고는 다른 학교와 달리 영재교육 진흥법으로 관리되는 별도의 교육기관이기 때문이다. 그래서 영재학교는 학교 간 중복 지원은 할 수 없지만[18] 불합격하더라도 전·후기고 지원을 할 수 있으며[19] 심지

---

18) 이전에는 중복 지원이 가능했으나 입시 경쟁 과열을 막기 위해 2022학년도부터 금지되었다.
19) 영재고에 지원하는 학생들은 보통 과학고에도 관심이 많아 양쪽을 모두 지원하는 경우가 많은데, 이 때문에 영재고와 과학고의 전형 일정을 서로 맞춰 사실상 어느 한쪽에만 지원하도록 한다는 이야기가 나온 적이 있다. 그러나 아직은 실현되지 않았다.

어 합격하고 등록하지 않더라도 전·후기고 지원에 문제가 없다. 즉 영재고 입시는 다른 고등학교 입시와 별도로 진행된다고 생각하면 된다.

입시 절차

*

고등학교 입시 절차를 알아보기 전 중학교 내신 체계에 대해 먼저 짚고 넘어갈 필요가 있다. 중학교 내신은 당연히 대부분의 학교가 반영하는 요소이다. 다만 현재 중학교 내신은 성취평가제, 즉 절대평가로 이루어지며 과목별 성취율에 따라 A~E로 나누어 부여된다. 그리고 고입이 다가오면 중학교 3년간[20] 의 교과 및 비교과 성적을 점수로 환산하여 백분율로 표시한 '고입석차백분율'을 계산한다. 고입석차백분율의 계산 방식은 시·도교육청별로 다를 수 있으며 학교에서는 학생과 학부모가 원할 시 이를 기재한 고입석차백분율 통지표와 산출 기초자료를 제공한다.

---

[20] 실제로는 자유학기(학년)제를 실시한 기간은 성적을 내지 않기 때문에 보통 2년간 4개 학기의 성취도 기록으로 점수가 계산된다. 그러나 2025년부터는 전국의 모든 학교들이 자유학기를 한 학기로 줄일 예정이라 총 5개 학기의 성취도로 계산될 것으로 보인다.

고등학교 입시 절차는 대학만큼 복잡하지는 않지만, 학교 유형별로 전형 단계 및 요소가 조금씩 다르다. 구체적인 사항은 학교별 입학전형요강을 확인해야 하지만 여기에서는 학교 유형별로 나뉘는 큰 경향에 대해서 소개하고자 한다.

일반고, 자공고

일반고와 자공고는 사실상 선발이라기보다 배정에 가깝다. 다만 평준화/비평준화 지역 여부에 따라 배정 방식이 달라진다. 먼저 평준화 지역에서는 고입석차백분율을 기준으로 일반고 전체 정원만큼의 인원을 걸러낸다.[21] 일반고를 대상으로 하는 만큼 석차백분율이 어지간히 낮지 않은 이상 여기서 걸러질 일은 거의 없는데, 간혹 극소수의 탈락자가 나올 수도 있다. 이후 학생이 원하는 학교를 1지망에서부터 우선순위대로 적어서 내면, 컴퓨터 전산 추첨을 통해 랜덤하게 배정된다. 이때 내신 성적은 고려되지 않으며 지망의 우선순위가 반영된다. 반면 비평준화 지역은 학교에 지원한 학생들의 내신 성적을 기준으로 학생을 뽑는다. 이때 내신 성적은 주로 고입석차백분율을 사용하며 내신 성적이 좋은 학생일수록 합격 확률이 높아진다.

---

[21] 다만 서울시교육청에서는 2025학년도부터 일반고 입시에서 석차백분율을 사용하지 않고 자체적으로 계산한 절대평가 방식의 성적을 사용하기로 했다.

예술고, 체육고

예고와 체고는 다루는 내용의 특성상 전공별 실기시험이 입시의 핵심 요소이다. 특히 체고는 실기시험에 더해 기초 체력 검사도 시행하며 관련 종목 경기의 입상 실적을 반영하기도 한다. 그렇다고 실기시험만 잘 보면 되는 것도 아니다. 인문계보다는 덜하지만 학생부도 반영한다. 예고와 체고에서 반영하는 요소는 주로 교과 성적과 출결, 봉사활동이다. 물론 실기에 비해서 점수의 비중은 낮지만, 경쟁이 치열한 명문 학교의 경우 실기 점수가 비슷해 교과 성적이나 출결로도 판가름 날 수 있다. 따라서 좋은 예고나 체고에 가고 싶다면 내신 또한 잘 관리해야 한다.

특성화고, 마이스터고

특성화고 입시는 크게 일반전형과 특별전형으로 나뉜다. 일반전형은 보통 내신 점수만으로 선발하는 단순한 방식이며, 시·도교육청별로 정해진 고입석차백분율 또는 환산 점수를 사용한다.[22] 특별전형은 학교마다 일정한 조건을 걸고 운영할 수 있는 자율성이 주어지는데, 보통 졸업 직후 취업에 의지를 갖고 있는 학생들을 뽑기 위한 목적이

---

[22] 다만 서울시교육청에서는 2025학년도부터 특성화고 일반전형에 자체적으로 계산한 절대평가 방식의 성적을 사용한다.

강하다. 특별전형은 일반전형보다 내신 성적 반영 비율을 낮춰 잡을 수 있으며 대신 심층면접, 적성고사, 실기고사, 서류 평가(자기소개서, 취업희망서) 등을 전형 요소에 포함할 수 있다. 요컨대 내신 반영 비율을 줄이는 대신 다른 수단으로 특성화고에 적절한 인재인지 파악하려는 것이다. 심지어 서울의 경우 교육청에서 가이드라인으로 제시한 '미래인재 특별전형'이 있는데, 이 전형은 학생부에서 출결과 봉사만 확인하고 교과 성적은 아예 반영하지 않는 전형이다.

마이스터고는 특목고이기 때문인지 학생 선발에 보다 자율성을 갖고 있다. 하지만 특성화고와 비슷한 직업계열이기 때문에 유사한 경향도 나타난다. 마이스터고에도 일반전형과 특별전형이 있는데, 두 전형 모두 교과성적, 인성요소, 적성요소를 평가한다. 교과성적은 학생부에서 반영하며 전 과목을 고루 반영하기도 하고 특정 과목에 가중치를 더 주기도 한다. 인성요소는 학생부의 출결, 봉사를 기본적으로 반영하며 선택적으로 행동특성 및 종합의견, 창의적 체험활동 등을 더 반영할 수도 있다. 또한 인성요소를 평가하기 위한 면접이나 인·적성검사를 실시하기도 한다. 적성요소는 면접을 통해 주로 평가하며 인·적성검사를 함께 반영하기도 한다. 중요한 것은 면접이 인성요소를 주로 평가할 수도, 적성요소를 주로 평가할 수도 있지만 마이스터고 입시의 필수 전형 요소라는 점이다.

한편 특별전형은 학교에서 자율적으로 운영할 수 있어서 학교별로 특별전형의 종류나 성격이 조금씩 다르다. 그래도 공통적으로는 특성화고와 비슷하게 일반전형보다 교과 성적 반영 비율이 낮으며 대신 출결이나 봉사, 면접이나 인·적성검사 등의 반영 비율이 더 높아진다.

외고, 국제고, 과학고, 자사고 : 자기주도학습전형

외고, 국제고, 과학고, 자사고에서는 학생을 선발할 때 자기주도학습전형을 운영한다. 자기주도학습전형의 뜻은 자기주도학습 결과와 학습 잠재력 등을 중심으로 선발하는 전형이다. 다만 이들 학교가 모두 자기주도학습전형으로 묶였다는 것은, 경쟁이 치열한 특목·자사고 입시가 너무 복잡해지거나 사교육의 손을 많이 타지 않도록 국가 차원에서 표준화된 고입 전형을 제시한 것이라 볼 수 있다. 이에 대한 구체적인 내용은 매년 초 전국 시·도교육청과 한국교육개발원이 공동으로 발간하는 「자기주도학습전형 및 고등학교 입학전형 영향평가 매뉴얼」에서 확인할 수 있다.

자기주도학습전형은 크게 2단계로 구성되며 학교 유형별로 세부적인 전형 방법이 달라진다. 이에 따라 외고·국제고, 과학고, 서울 방식 자사고, 서울 이외 방식 자사고의 4가지로 나눌 수 있다.

① **외고·국제고**

외고·국제고는 1단계에서 영어 내신성적과 출결을 반영한다. 내신성적은 원점수와 과목평균, 표준편차를 제외하고 성취도 만을 활용하며 A~E까지 차등적으로 점수를 부여하여 합산한다. 또한 출결은 미인정결석 일수에 학교별로 정한 가중치를 곱해 전체 점수에서 감점하는 방식으로 반영한다. 만약 1단계에서 동점자가 생기면 국어, 사회[23] 과목의 성적을 3-2학기, 3-1학기, 2-2학기, 2-1학기 순으로 반영하여 선발한다.

2단계에서는 1단계 성적에 면접을 더해 최종 선발한다. 면접은 '꿈과 끼 영역'이라 불리는 자기주도학습 영역과 인성 영역을 평가하기 위해 실시된다. 자기주도학습 영역에는 자기주도학습 과정과 결과, 창체나 기타 활동 경험, 학교 지원동기, 꿈과 끼를 살리기 위한 활동 계획과 진로계획 등이 포함된다. 인성 영역에는 자기소개서, 학생부에 기재된 핵심인성요소[24]에 대한 활동 실적, 배우고 느낀 점 등이 포함된다. 이를 통해 알 수 있듯 면접 시에는 내신성적을 포함해 교과 관련 영역에 대한 평가가 금지된다.

---

[23] 사회 과목이 없다면 역사 과목 등으로 대체 가능하다.
[24] 매뉴얼에서는 이를 '봉사·체험활동을 포함한 배려, 나눔, 협력, 타인 존중, 규칙준수 등 학생의 인성을 나타낼 수 있는 다양한 요소'를 의미한다고 설명하고 있다.

한편 2단계 전형에서는 서류 평가 및 면접을 위해 학생부와 함께 자기소개서를 작성해 제출해야 한다. 자소서의 주요 항목은 면접의 평가 영역과 동일하며 다음과 같이 구성된다.

<자기주도학습 영역(꿈과 끼 영역)>

자기주도학습 과정	학습을 위해 주도적으로 수행한 목표 설정·계획·학습을 통한 결과 및 평가까지의 전 과정(교육과정에서 진로체험 및 동아리 활동, 꿈과 끼를 살리기 위한 활동 및 경험 등 포함)
지원동기 및 진로계획	학교특성과 연계해 지원학교에 관심을 갖게 된 동기, 꿈과 끼를 살리기 위한 활동 계획과 진로 계획

<인성 영역>

활동 실적	봉사체험활동을 포함한 배려, 나눔, 협력, 타인 존중, 규칙준수 등에 대한 중학교 활동 실적
배우고 느낀 점	봉사체험활동을 포함한 배려, 나눔, 협력, 타인 존중, 규칙준수 등의 활동을 통해 배우고 느낀 점 등 (위에 제시된 것 이외에 학생이 발굴하여 작성 가능)

자기소개서에는 위 내용을 모두 포함하여 1,500자(띄어쓰기 제외) 이내로 작성해야 하며, 학교별로 각 항목을 분리된 문항으로 제시하기도 하고 통합된 문항으로 제시하기도 한다. 단 자소서에 영어 등 각종

인증시험 점수, 교과목의 점수·석차, 교내·외 각종 대회 입상실적, 자격증, 영재 교육원 교육 및 수료 여부 등은 기재가 금지되어 있다. 기재 시 0점 처리되므로 주의해야 한다.

외고·국제고의 자기주도학습전형은 다른 학교 유형과 비교해 반영되는 과목이 적은 편이며 과목별 세특도 제외되기 때문에 학생부에서는 창체와 자유학기활동상황 정도가 주요 대비 요소이다.

② 과학고
과학고는 자기주도학습전형 중에서도 반영 요소가 많은 편이다. 우선 1단계에서 서류 평가와 출석 면담을 진행한다. 서류 평가는 학생부, 자소서, 교사 추천서를 기반으로 하며 수학·과학의 교과 성적을 함께 반영한다. 출석 면담은 서류의 진위 여부를 파악하고 학생에 대해 더 많은 정보를 수집하기 위해 진행하는데, 학교에서 학생이 있는 중학교로 방문하기도 하지만 학생을 학교로 소집하여 진행하는 경우도 많다. 이때 다뤄지는 면담 내용은 다음과 같다.[25]

---

[25] 아래 내용은 서울시교육청 과학고 자기주도학습전형 매뉴얼 기준으로, 지역별로 매뉴얼의 세부 내용이 다를 수 있으니 반드시 해당 지역의 고입전형 기본계획을 확인해야 한다.

지원동기 및 진로계획	과학·수학 분야의 관심과 흥미, 과학고 지원 동기, 꿈과 끼를 살리기 위한 활동 계획과 진로 계획
자기주도학습 과정	학습을 위해 주도적으로 수행한 목표 설정·계획·학습을 통한 결과 및 평가 전 과정과 내용 등(진로체험, 자유학기제 기간 동안의 꿈과 끼를 살리기 위한 활동 및 경험 등 포함)
탐구·체험 활동	탐구(과학·수학) 및 체험 활동에 따른 독자적 성장과 성숙한 가치관
독서활동	과학·수학, 진로, 교양 관련 독서 결과 및 활동에 따른 지적 성장과 성숙한 가치관
핵심인성요소 관련 활동	자기소개서, 학교생활기록부, 교사추천서에 기재된 핵심인성요소 관련 주도적 활동 및 자아성장

전반적으로 앞서 설명한 평가 영역을 포함하면서도 더 많은 요소를 평가하고 있음을 알 수 있다. 이 때문에 자소서에도 더 넓은 영역에 걸친 문항이 출제되며 분량도 3,000자 이내(띄어쓰기 포함)로 늘어난다. 다만 실제로는 학교에 따라 2,000자~3,000자 범위에서 조금씩 차이가 있다.

1단계의 2가지 요소를 통해 정원의 2배수 이내에서 2단계 대상자를 선발한 뒤, 2단계에서는 면접 평가[26]를 통해 과학·수학 등에 대한 창

---

[26] 1단계의 출석 면담과 구분하기 위해 소집 면접이라고 부르기도 한다.

의성과 잠재력, 자기주도학습 역량, 인성 등을 종합적으로 평가한다. 또한 이를 위해 관련 내용을 담은 질문지가 제시될 수 있다.

③ 서울 방식 자사고

'서울 방식' 자사고 자기주도학습전형은 서울 지역에 있는 자사고(하나고 제외), 서울 지역 외에 있더라도 서울 방식을 채택하는 자사고에서 실시된다. 서울 방식의 가장 큰 특징은 1단계에서 내신 성적에 상관없이 선발이 가능하다는 점이다. 이때 지원율에 따라 학교의 진행 방식이 달라진다. 지원율이 100% 이하인 경우 2단계 면접 절차를 생략한다. 즉 전원 합격이라는 뜻이다. 100% 초과~120% 이하인 경우 면접을 생략하고 추첨으로 합격자를 선발하고, 120% 초과~150% 이하인 경우 추첨을 생략하고 면접을 진행한다. 지원율이 150%를 초과하는 경우 추첨으로 정원의 1.5배수를 선발하고 2단계에서 면접을 실시한다.

2단계 면접을 실시할 경우 면접 점수로 당락이 결정되며 평가 영역, 제출해야 할 자소서의 내용과 제한 조건은 거의 동일하다. 단 자소서의 분량이 1,200자(띄어쓰기 제외) 이내로 외고·국제고보다 적다. 서울 방식 자사고는 학생부에서 교과학습발달상황을 아예 사용하지 않으므로 만약 이쪽을 대비한다면 자소서와 비교과 영역에 집중해야 한다.

④ 서울 이외 방식 자사고

　서울 이외 방식 자사고 자기주도학습전형은 서울 방식을 채택하지 않은 자사고와, 자기주도학습전형으로 학생을 선발하는 일반고[27]에서 실시된다. 앞서 자사고를 설명할 때 전국단위 자사고가 진정 자사고로서의 명성이 높다고 한 바 있는데, 그 전국단위 자사고가 모두 이 방식을 채택하고 있다.

　1단계에서는 내신성적과 출결을 반영한다. 이때 반영 과목과 학년, 과목·학년별 반영 비율, 내신과 면접의 반영 비율은 학교에서 결정할 수 있어 학교별로 서로 다르다. 그래서 영어 중심, 보조적으로 국어와 사회만 반영하는 외고·국제고와 달리 자사고는 더 많은 과목을 반영할 수 있다. 2024학년도 전국단위 자사고 기준으로 현황을 살펴보면 10곳 중 5곳은 국어, 수학, 영어, 사회, 과학의 주요 5과목을 반영한다. 다른 4곳은 여기에 예체능 과목을 직·간접적으로 함께 반영하며 1곳은 아예 전 과목을 반영한다. 단 성적 반영 시 성취도 수준만을 활용한다는 점은 외고·국제고와 동일하다.

　2단계의 진행 방식, 면접 평가 영역, 자기소개서 작성 내용과 제한 조건 등은 외고·국제고와 동일하다. 그러나 자사고는 전국단위일수록 각 학교별 특색이 강하기 때문에 자기소개서 문항에도 일정 부분 차이

---

[27] 2025년 기준 자기주도학습전형으로 학생을 선발하는 일반고는 전북 익산고뿐이며, 이 학교는 자율학교에 해당한다.

가 있고[28], 면접 내용도 다양할 수 있음을 염두에 두어야 한다.

⑤ 영재고

　영재학교는 전부 이공계열이라 그런지 입시 전형이 과학고와 비슷한 분위기를 풍긴다. 그러나 영재학교는 자기주도학습전형 매뉴얼에 구애받지 않기 때문에 더 독특하게 전형을 운영한다. 영재학교의 입시 전형은 일반전형을 기준으로 1단계 서류평가, 2단계 지필평가, 3단계 영재캠프로 구성된다. 1단계 서류평가는 학생기록물 평가로, 학생부는 물론 자기소개서와 이를 증명할 수 있는 자료 및 교사의 추천서 2종류가 필요하다. 2단계 지필평가는 영재성과 사고력, 창의력과 문제해결력을 측정하기 위한 검사이다. 3단계 영재캠프는 학생의 창의력이나 인성 등 다양한 자질을 종합적으로 평가하기 위한 것으로, 학생들을 소집해 진행한다. 한편 한국과학영재학교를 제외한 나머지 영재고들은 모두 '지역인재 우선선발'을 한다는 특징이 있다. 전체 정원 중 일정 인원을 학교 주변 지역이나 특정 영역의 지원자로 우선선발하는 것으로, 학교마다 그 조건과 인원이 다르므로 전형요강에서 미리 파악해두는 것이 좋다.

---

28) 기본적으로 자소서 문항의 분할과 통합, 글자 수 배분이 조금씩 다르다. 또한 매뉴얼에는 없는 문항이 출제되기도 하는데, 예를 들어 현대청운고는 정주영정신에 대해 쓰는 문항이 있으며 상산고와 광양제철고에는 독서활동 관련 문항이 있다.

일반고 vs 특목·자사고

*

고입에서 항상 화두가 되고 질문하는 주제가 있다면 바로 '일반고와 특목·자사고 중 어느 쪽이 대입에 더 유리한가?'이다. 이에 대해서는 절대적으로 통용되는 정답이 있다고 하긴 어렵다. 학생의 특성, 학교의 특성, 교육정책과 입시제도의 변화 등 다양한 변수가 있으며 이에 따라 선택할 전략 또한 달라지기 때문이다. 그래도 일반고와 특목·자사고 사이에서 고민할 때 고려할 수 있는 통상적인 장단점이 있다.

일반고

먼저 일반고는 특목·자사고에 비해 학습 역량이 평균적으로 낮으며 내신 시험 난이도도 낮다. 그래서 내신 성적을 잘 받는 것이 특목·자사고보다는 쉽다.[29] 또한 일반고는 특목·자사고에 비해 교내 활동의 다양성이 낮다. 재정 여건으로 인해 교육 프로그램이 다양하지 않기 때문이다. 그래서 일반고에 진학해 내신을 잘 받겠다는 선택을 하는 학생들은 이 점을 고려해야 하며 대입에서도 학종과 교과 전형을 함께 대비할 생각으로 임해야 한다.

하지만 학생부교과전형은 내신 점수가 매우 중요하기 때문에 웬만큼 성적이 높지 않고서는 큰 의미가 없다. 다시 말해 일반고를 가서 안정적으로 1~2등급대를 받을 것이 아니라면 인서울 등 원하는 대학을 가기 매우 어려워진다. 학생이나 학교 수준에 대해 잘 모르는 상태에서 막연히 '일반고는 만만하다니까 성적도 어느 정도 잘 나오겠지' 하는 생각으로 진학했다가 3~5등급대에 머무르며 고민하는 학생·학부모들도 많다. 또한 진학한 학교 수준이 너무 낮다면 내신을 1등급 받더라도 모의고사에서는 등급이 훨씬 낮을 수 있다. 이런 경우 때문에 수시에서 교과 전형은 대부분 수능 최저학력조건을 요구하므로, 내신에 비해 모의고사 등급이 너무 낮다면 이를 끌어올리기 위한 추가 학

---

[29] 그러나 이는 특목·자사고와 비교했을 때의 상대적인 차이이며, 좋은 학군의 일반고는 내신 경쟁이 치열하기 때문에 일반고라고 해서 무조건 쉽다고 할 수만은 없다.

습을 반드시 해야 한다. 또한 일반고는 전반적으로 학습 분위기가 별로 좋지 않다. 사람이 나쁘다는 뜻이 아니라 공부를 최우선으로 두고 생활하는 분위기가 아니라는 뜻이다. 그래서 주변 분위기에 영향을 많이 받고 친구들과 어울리기 좋아하는 학생이라면 일반고에서 공부를 열심히 해 성적을 잘 받겠다고 다짐했더라도 실천하는 데 많은 어려움을 겪을 수 있다. 공부에 집중하려면 어쩔 수 없이 친구들과 어울리는 시간을 줄이거나 관계에서 어느 정도 거리를 두어야 하기 때문이다.

그런데 주변 친구들이 다들 공부보다는 노는 데 더 관심이 있다면 그 사이에서 자신의 의지를 유지하기 쉽지 않다. 그 이상으로 환경으로서의 또래 집단은 무시할 수 없는 영향력을 미친다. 따라서 자신을 공부에 집중할 수 있는 환경에 두고 싶다면 일반고를 가급적 피하거나, 일반고를 선택하더라도 학교마다의 분위기를 미리 잘 파악해 두어 보다 정돈된 분위기의 학교를 찾는 것이 좋다.

특목·자사고에 붙을 자신이 없는 성적이거나 붙더라도 잘 따라가지 못할 것 같아 일반고를 고민한다면 일반고에 가더라도 그 안에서 높은 성적을 받기 위해 최선을 다해야 한다. 또한 특정 과목 중점학교나 자율학교 등 교육 프로그램이 좀 더 마련되어 있거나 잘 운영되는 학교가 있다면 그쪽을 알아보는 것도 추천한다. 왜냐하면 일반고라 하더라도 교과 전형을 쓰는 학생들은 주로 최상위권과 하위권이고, 그 외에는 모두 학종이 가장 주력이기 때문이다. 따라서 교내 활동에 충실히 참여하며 세특과 창체를 채우기 위한 노력도 허투루 해선 안 된다.

특목·자사고

반면 특목·자사고는 기본적으로 학생들의 학습 역량이 높고 이에 맞춰 학교 수업 또한 밀도 있게 진행된다. 그래서 진도가 빠르고 학습량이 많으며 이에 따른 다양한 과제가 주어지기도 한다.[30] 이외에도 다양한 교육 프로그램과 행사가 있으며 이런 점에서 학생들의 선택지가 많은 편이다. 또한 또래 집단의 분위기도 기본적으로 공부를 중요시하며 대입에 관심이 많은 편이다. 이런 분위기로 인해 특목·자사고에서는 내신 경쟁이 매우 치열하며 이를 고려해 시험 난이도도 높기 때문에 안정적으로 높은 내신을 받는 것이 매우 어렵다.[31] 그래서 많은 학생들이 교과 전형보다는 비교과를 살려 학종을 준비하거나 수능 준비에 집중한다.

확실히 특목·자사고는 대부분의 일반고보다 비교과를 강화하기 좋은 환경이다. 또한 주변 또래 집단의 영향으로 공부에 집중할 수 있는

---

[30] 과제가 많은 이유는 진도가 빠르기 때문이기도 하지만 수행평가를 다양하게 진행하기 때문이기도 하며, 대부분 세특을 위해 수업 관련 활동 기회를 제공하려는 의미가 있다.
[31] 많은 특목·자사고가 일반고에 비해 학생 수가 적은 점도 높은 등급을 받기 어려운 이유 중 하나다. 학생 수가 적으면 같은 등급을 받을 수 있는 인원도 줄어들기 때문이다.

여건도 조성된다. 하지만 이 또한 학생 나름이다. 특목·자사고에 들어갔다고 해서 무조건 메리트를 얻을 수 있는 건 아니기 때문이다. 아무리 특목·자사고라 하더라도 내신이 너무 안 좋으면 학교에서 얻는 이점을 활용하지 못할 수도 있다. 내신을 잘 받기가 힘들다는 점이 무조건 내신이 안 좋아도 된다는 뜻은 아니다. 이수 학생 수가 너무 적어서 어쩔 수 없는 경우가 아니라면 특목·자사고에서도 내신은 중요하다. 학종도 엄연히 내신을 보기 때문에 내신이 너무 낮으면 비교과 항목을 아무리 잘 살려도 설득력이 떨어지기 때문이다. 예를 들어 일반고에서 2~3등급을 받을 수 있을 만한 학생이 특목·자사고에 갔다가 5등급을 받는다면? 최상위 학교라면 모르겠지만 이 정도 격차가 난다면 대체로 특목·자사고라는 이유만으로 일반고보다 무조건 유리하다고 보기 어렵다.

게다가 특목·자사고는 기본적으로 학습량이 많고 밀도가 높기 때문에 이를 잘 버티고 소화할 수 있어야 한다. 빠르고 깊은 수업 진도, 어려운 내신 시험 난이도, 밀려드는 각종 과제, 챙겨야 할 비교과 활동 등 다방면으로 주어지는 과업들을 잘 처리해 낼 수 있어야 한다. 특목·자사고는 더 특화되고 다양한 교육 기회를 제공하는 환경이므로, 학생이 학교교육과정을 얼마나 잘 따라가고 기회를 활용하느냐에 따라 얻을 수 있는 것이 달라진다. 바꿔 말하면 학생이 힘들더라도 잘 소화하고 극복한다면 특목·자사고의 이점을 살릴 수 있지만, 그러지 못하거나 안주한다면 오히려 일반고에서 높은 내신을 노려볼 수 있었을 학생도 특목·자사고에서 어중간한 위치가 되어 이도 저도 아닌 상태가 될 수 있다.

그렇다면 2025년 고1부터 바뀌어 적용되는 내신 5등급제 하에서는 어떨까? 전문가마다 의견이 다르다. 일반고가 특목·자사고보다 더 유리할 것이라는 의견도 있다. 5등급제에서는 1등급 구간이 넓어진 만큼 안정적으로 1등급 안에 들어오는 것이 중요한데, 특정 등급을 사수하는 난도는 일반고가 특목·자사고보다 더 낮기 때문이다. 게다가 같은 1등급이어도 변별을 위해 성취도, 원점수까지 참고한다면 상대적으로 고득점을 하기 쉬운 일반고에 메리트가 있다고 볼 수 있다. 심지어 이전까지는 대학에 제공했던 성적 지표 중 하나인 '표준편차'가 2028학년도 대입부터는 삭제된다. 표준편차는 성적 분포의 분산을 보여주는 지표인데, 암암리에 일반고와 특목·자사고를 추측해 구분하는 지표로 사용되어왔다고 한다. 이 지표가 없어졌으니 블라인드 평가에서 특목·자사고가 갖던 메리트가 사라졌다고 보는 것이다.

반면 특목·자사고가 기존과 같이 유지될 경우 일방적으로 불리해지진 않을 것이라는 관측도 있다. 아무리 학교 이름을 가리더라도, 자사고도 어느 정도 그렇거니와 특히 특목고는 이수 과목 목록만 보더라도 일반고와 다름을 알 수 있을 것이다. 그러면 당연히 성적을 볼 때도 이를 감안할 수 있다. 즉 교육과정에서부터 차이가 나기 때문에 표준편차를 삭제하는 것만으로 특목·자사고임을 아예 모르기란 어렵다는 뜻이다. 또한 내신 5등급제가 되면서 오히려 1등급이 갖는 변별력은 낮아진다. 그러면 결국 대학은 성적 외 다른 요소도 면밀하게 살피며 평가할 수밖에 없다. 학생부에서 성적 외에 무엇이 있는가? 바로 비교과다. 비교과의 중요성이 더 강조되는 이유이다. 이런 상황에서 특목·자사고가 가진 비교과 대비의 강점이 더욱 빛을 발할 것이라는 분석이다.

이렇게 양측의 의견이 갈리지만, 근본적으로는 일반고와 특목·자사고 중 어느 쪽을 고르더라도 학생 자신의 태도와 역량이 중요하다. 학교의 유형에 따라서 또는 그 학교만의 특수한 맥락으로 인해 어느 학교를 선택하든 나름의 장점과 단점이 존재한다. 이 중에서 얼마나 단점을 최소화하고 장점을 최대한 살리는지는 많은 부분 학생 자신에게 달려있다. 일반고에 갔다면 주변 환경에서 들어오는 방해나 유혹을 이겨내고 공부에 집중할 수 있어야 하고, 때로는 주변 사람이나 학교의 도움을 받지 못하는 경우 스스로 헤쳐 나갈 수 있어야 한다. 특목·자사고에 갔다면 강도 높은 스케줄과 경쟁 분위기 등 주변 환경의 압박을 버틸 수 있어야 하고, 다양하게 제시되는 기회를 선택·집중하여 자신에게 유익하도록 활용할 수 있어야 한다. 결국 어느 쪽에서도 자기주도학습, 시간 관리, 정보 탐색 등 자기 관리가 잘 되는 학생이 주어진 환경에 잘 적응하고 환경을 이용할 수 있다.

학종, 피할 수 없는 흐름

*

 여기까지 읽었다면 아마 느꼈을 것이다. 일반고든 특목·자사고든 학종 준비를 해야 하는 건 마찬가지라는 것을 말이다. 혹자는 '학종을 꼭 준비해야 하는 거냐'는 질문을 할 수도 있다. 이에 대한 답은 '원하는 (좋은) 대학을 가고 싶다면 그렇다'이다. 현재 입시 지형에서 학종은 상위권 대학을 가기 위한 더 넓은 문이기 때문이다. 왜 그런지 수치를 근거로 살펴보자.

 앞에서도 언급한 바 있지만, 전체 모집 인원으로 보면 수시가 80%이고 아무리 인서울 대학에 정시 40% 규제가 걸려있어도 60%는 수시로 뽑는다. 또한 2026학년도 기준 교과 155,495명, 학종 81,373명으로 교과가 학종보다 2배 가까이 많은 인원을 뽑는다.[32] 그러면 교과가 더 유리한 것 아닌가? 여기에는 모집단의 함정이 있다. 이는 전국을 합친 수치이기 때문이다.

수도권과 비수도권으로 나눠서 살펴보면 수도권에서 교과로 27,878명, 종합으로 38,670명을 뽑는다. 교과보다 종합으로 더 많이 뽑는다. 반대로 비수도권에서는 교과로 127,617명, 종합으로 42,703명을 뽑는다. 앞서 봤던 교과 전형 선발 인원 대부분이 비수도권에 몰려 있음을 알 수 있다. 비수도권에도 좋은 대학들이 있지만 하위권 대학의 비율이 높고, 하위권 대학은 주로 교과 전형으로 학생을 뽑기 때문이다. 그런데 여기서 인서울 최상위 대학으로 좁히면 차이가 더 극명하게 갈린다. 2026학년도 기준 서울 소재 최상위 15개 대학에서는 수시 전형 내에서 교과로 약 18.7%, 종합으로 약 61.6%를 선발한다. 학종 선발 인원이 교과의 자그마치 3배를 넘어가는 것이다.

게다가 이런 학교들의 교과 전형은 내신 최상위권 학생들이 숫자로 경쟁하기 때문에 커트라인이 지극히 높다. 해마다의 차이는 있지만 대체로 인서울 대학들이 1점대 안에서 끝난다고 보면 된다. 반면 학종은 교과보다 커트라인이 낮은 편이다. 물론 최상위권 대학은 교과나 학종이나 비슷비슷하지만, 아래로 내려갈수록 그 차이가 커진다. 이런

---

[32] 대교협에서 발표한 '2026학년도 대입전형시행계획' 문서 기준으로, 실제 선발 인원은 근소하게 달라질 수 있다.

상황에서 최상위권을 제외한 다른 학생들은 당연히 교과보다 종합을 선택해야 더 높은 학교를 노릴 수 있다. 심지어 최상위권 학생들에게도 학종 준비는 금상첨화다. 교과보다 종합 선발 인원이 더 많기 때문에 학종 대비를 병행하여 합격 가능성을 높이고 더 공격적인 상향 지원을 할 수 있다.

사실 학종은 내신 챙기랴, 비교과 챙기랴, 경우에 따라 수능 최저등급컷도 맞추랴, 할 게 많아서 바쁘고 힘든 전형이다. 그러나 그만큼 열심히 준비한 학생들에는 더 많은 기회가 열려있다. 대입 목표를 높게 잡았다면, 가능한 더 높은 대학에 가고 싶다면 학종을 버리는 선택은 현재로서는 결코 현명하지 않다.

결과적인 수치로 보면 특목·자사고가 일반고보다 좋은 대학을 더 잘 보내는 건 사실이다. 그러나 그 기회를 자신이 잘 살리느냐는 다른 문제다. 학종을 위해서는 내신과 비교과를 모두 잘 챙겨야 함은 동일하고, 내신과 비교과 중 어느 한 쪽에 더 강점이 있는 환경을 고르면 반대쪽은 자신이 더 신경 써서 챙겨야 하기 때문이다. 단지 어느 학교에 간다는 것만으로 무조건 유불리를 나눌 수 없는 이유이다.

예를 들어 인문계열 학과 진학을 희망하는 학생이 외고·국제고를 가서 좋은 비교과를 갖추면 좋을까? 내신이 잘 안 나올 수도 있다. 그렇다면 일반고를 가면 좋을까? 이공계열을 희망하는 학생들과 수학 내신을 경쟁해야 하는 단점도 있다. 반대로 이공계열에서도 공학 분야를 희망하는지, 메디컬 분야를 희망하는지에 따라 선택해야 할 전략이 달라진다. 또한 특목·자사고라 하더라도 무조건 비교과가 좋은 건 아니다. 오히려 특목·자사고에 갔는데도 비교과가 별로라면 독이 될 수 있다. 일반고라 하더라도 무조건 비교과가 나쁘라는 법은 없다. 주어진 환경에서 자신의 역량을 최대한 살려 당당하게 합격하는 학생들은 매년 있다.

이처럼 고입과 대입 전략을 세울 때는 학생과 학교의 특성을 고려해 자신에게 맞는 전략을 찾아야 한다. 학생마다 상황과 능력이 다르고 학교마다 환경과 역량이 다른데 모두에게 천편일률적으로 통하는 '단 하나의 길'을 찾는 것은 불가능에 가깝다. 그래서 입시가 복잡하고 어려운 판이지만 달리 말하면 다양한 가능성을 모색해볼 수 있는 판이기도 하다.

TEST 5장. 고입, 사실은 더 급한 문제

01. 매년 3월 말경, 전국의 각 시·도교육청이 다음 학년도 고등학교 입학전형에 대한 기본적인 사항을 게시하는 공식 문서는 무엇인가?

① 대입전형 기본사항
② 대입전형 시행계획
③ 고입전형 기본계획
④ 수시·정시 모집요강
⑤ 자기주도학습전형 및 고등학교 입학전형 영향평가 매뉴얼

02. 다음 중 전기고에 해당하는 학교로만 구성된 것은?

① 과학고, 마이스터고, 특성화고
② 일반고, 자율고, 외고, 국제고
③ 영재고, 일반고, 자율고
④ 특성화고, 자율고, 영재고
⑤ 마이스터고, 일반고, 외고

03. 전기고 지원 규칙에 대한 설명으로 옳은 것은?

① 전기고에 합격한 후 등록을 포기하면 후기고에 지원할 수 있다.
② 전기고에 해당하는 모든 학교 중 여러 곳에 동시에 지원할 수 있다.
③ 전기고에 불합격하면 다른 전기고의 추가모집에는 지원할 수 없다.
④ 마이스터고에 불합격한 경우 다른 특성화고에 재지원할 수 없다.
⑤ 특성화고 특별전형에 불합격한 경우 다른 특성화고의 일반전형에 지원할 수 있다.

04. **고등학교 평준화 지역과 비평준화 지역의 일반고 지원 방식 차이점에 대한 설명으로 옳은 것은?**

① 평준화 지역에서는 내신 성적에 따라 배정 학교가 결정된다.
② 비평준화 지역에서는 한 번에 2곳 이상의 일반고를 동시에 지원할 수 있다.
③ 평준화 지역에서는 1지망, 2지망 등 학교 지원의 우선순위를 정할 수 있다.
④ 비평준화 지역에서는 외고·국제고·자사고와 일반고를 동시에 지원할 수 있다.
⑤ 평준화/비평준화 지역 여부는 고입전형에 아무런 영향을 미치지 않는다.

05. **고입석차백분율에 대한 설명으로 옳지 않은 것은?**

① 중학교 3년간의 교과 및 비교과 성적을 점수로 환산하여 백분율로 표시한 것이다.
② 고입석차백분율 계산 방식은 시·도교육청별로 다를 수 있다.
③ 자유학기(학년)제를 실시한 기간은 교과 성적을 내지 않는다.
④ 일반고 입시뿐만 아니라 특성화고 입시에서도 활용된다.
⑤ 서울시교육청에서는 일반고 입시에서 석차백분율을 지속적으로 사용 중이다.

06. **외고·국제고 자기주도학습전형의 1단계에서 반영하는 요소로 옳은 것은?**

① 영어 내신 성적과 출결
② 국어, 수학, 영어, 사회, 과학 내신 성적
③ 과목별 세부능력특기사항
④ 자기소개서와 교사 추천서
⑤ 면접고사 점수

TEST 5장. 고입, 사실은 더 급한 문제

07. 자기주도학습전형에서 자기소개서에 기재가 금지되어 0점 처리될 수 있는 항목은?

① 자기주도학습 과정
② 지원동기 및 진로계획
③ 봉사체험활동을 포함한 배려, 나눔, 협력 등의 활동 실적
④ 영어 등 각종 인증시험 점수, 교과목의 점수·석차
⑤ 활동을 통해 배우고 느낀 점

08. 과학고 자기주도학습전형의 1단계에 포함되는 평가 요소로 옳지 않은 것은?

① 탐구·체험활동 및 독서활동
② 자기소개서
③ 수학·과학 교과 성적
④ 교사 추천서
⑤ 지필고사

09. 서울 방식 자사고 자기주도학습전형에 대해 옳지 않은 것은?

① 지원율이 100% 이하인 경우 면접 절차를 생략한다.
② 지원율이 100% 초과~120% 미만인 경우 면접 없이 추첨으로만 합격자를 선발할 수 있다.
③ 지원율이 150%를 초과한 경우 추첨으로 1.5배수를 선발하고 면접을 실시한다.
④ 자기소개서의 분량이 1,200자(띄어쓰기 제외) 이내이다.
⑤ 학생부 교과학습발달상황을 가장 중점적으로 평가한다.

10. 영재학교 입시 전형의 일반전형 구성 단계로 옳은 것은?

   ① 1단계 서류평가 - 2단계 면접평가 - 3단계 실기평가
   ② 1단계 지필평가 - 2단계 서류평가 - 3단계 영재캠프
   ③ 1단계 서류평가 - 2단계 지필평가 - 3단계 영재캠프
   ④ 1단계 서류평가 - 2단계 실기평가 - 3단계 면접평가
   ⑤ 1단계 지필평가 - 2단계 실기평가 - 3단계 영재캠프

6장
다들 어디서 정보를 찾는 거야?

정보를 얻을 수 있는 유용한 경로

*

 지금까지는 대입과 고입에 대한 기본적인 내용을 소개했다. 그 과정에서 여러 문서가 언급되거나 정보가 소개되었는데, 항상 마지막은 '구체적인 정보는 직접 확인하는 것이 좋다'였다. 그렇다면 그런 정보들은 어디서 확인할까? 여기서는 각종 정보를 얻을 수 있는 유용한 경로들을 몇 가지 소개하고자 한다.

1) 교육부
(https://www.moe.go.kr/)

- 교육부에서 발표하는 각종 정책 정보와 자료를 확인할 수 있다.
- '교육부 소식 → 보도·설명·반박 → 보도자료' 게시판에 들어가서 확인할 수 있다.
- 검색창에 '대학입학' 키워드로 검색하면 대입전형 기본사항과 대입전형 시행계획 보도자료만 모아서 볼 수 있다.

2) 한국대학교육협의회
(https://www.kcue.or.kr/)

- 대학별 대입전형 시행계획을 취합해 정리한 대입전형 시행계획 보도자료 및 세부 통계를 확인할 수 있다.
- '대학교육소식 → 보도자료' 게시판에 들어가서 확인할 수 있다.

3) 한국전문대학교육협의회
(https://www.kcce.or.kr/)

- 전문대학별 대입전형 시행계획을 취합해 정리한 대입전형 시행계획 보도자료 및 세부 통계를 확인할 수 있다.
- 'KCCE 소식 → 보도자료' 게시판에 들어가서 확인할 수 있다.

4) 대학별 입학처

- 대학별 수시·정시 모집요강 및 전형 안내 등을 확인할 수 있다.
- 대학별로 게시한 대입전형 시행계획을 확인할 수 있다.
- 대학별로 입학안내 메뉴에 게시하거나 입학처 페이지를 따로 만들어 운영한다.

5) 대입정보포털 '어디가'

(https://www.adiga.kr) - 한국대학교육협의회

- 진로(직업) 정보 및 각종 대입 정보를 제공한다.
- 전국의 대학·학과·전형을 검색 및 비교할 수 있다.
- 학생부·수능 등 대학별 성적 분석 및 컨설팅 서비스가 있다.

6) 시·도교육청 진로진학지원(정보)센터

- 진로 정보, 고입 정보, 대입 정보 등의 정보와 자료를 제공한다.
- 시·도교육청별 고입전형 기본계획을 확인할 수 있다.
- 고등학교 평준화/비평준화 지역 여부를 주로 여기서 확인할 수 있다.
- 지역별로 자료와 서비스 구성 내용 및 충실도에 차이가 있을 수 있다.
- 지역별로 고입전형포털을 별도로 만들어 운영하는 곳도 있고, 관련 기능을 진로진학지원센터 홈페이지에 통합해 운영하는 곳도 있다.

7) 고입정보포털

(https://www.hischool.go.kr) - 한국교육개발원

- 고등학교 유형별 특성과 학교 목록을 소개한다.
- 학교별 기본 정보와 입학전형요강을 확인할 수 있으며, 해당 학교 홈페이지로도 연결된다.
- 시·도별 고입전형기본계획 및 입시 자료를 확인할 수 있다.
- 자기주도학습전형에 대한 소개 및 시행 고교 목록, 관련 자료 등을 확인할 수 있다.
- 진로진학, 입학전형 등 각종 연계 사이트 목록이 정리되어 있다.

8) 특성화고·마이스터고 정보 포털 '하이파이브'
   (https://www.hifive.go.kr/) - 교육부
   - 특성화고 및 마이스터고에 대한 소개, 분야별 학교 현황, 학교 목록 및 통계 등을 제공한다.
   - 하이파이브 자체 및 타 기관과 연계하여 각종 취업 정보(채용 공고)를 제공한다.

9) 시·도교육청 취업지원센터
   - 특성화고 및 마이스터고 학생들을 위한 정책 정보, 취업 정보, 채용 공고, 각종 가이드 등을 제공한다.
   - 지역별로 자료와 서비스 구성 내용 및 충실도에 차이가 있을 수 있다.

10) 학교알리미
    (https://www.schoolinfo.go.kr)
    - 학교별 위치, 인원 구성, 교육과정, 성적대 분포, 졸업생 진로, 홈페이지 링크 등 각종 공시 정보를 확인할 수 있다.
    - 개별 고등학교에 대해 가장 많은 기본 정보를 얻을 수 있는 경로이다.

11) 고등학교 홈페이지
    - 학교별 학사일정과 현황 정보, 입학전형요강 등을 확인할 수 있다.
    - 내신 시험 기간, 시험 과목과 범위 등 공지사항과 각종 교내 행사에 대한 가정통신문 등도 업로드된다.
    - 재학생이 학생 계정으로 로그인하면 내신 시험 기출문제에 접근할 수 있다. 단 기출문제를 어떻게 게시하고 관리하는지는 학교마다 다르다.
    - 아이엠스쿨, 스쿨투게더 같은 어플리케이션을 설치하면 학교 홈페이지에 업로드되는 각종 공지사항, 가정통신문 등을 편하게 확인할 수 있다.

정답 및 해설

1장 학교생활기록부 언박싱				48P
01 ⑤	02 ④	03 ④	04 ⑤	05 ③
06 ④	07 ③	08 ④	09 ②	10 ⑤

01. 인적·학적사항에 학생의 개인정보와 학적사항이 기록되기는 하지만, 대학에 정보가 넘어갈 때는 특정 개인을 식별할 수 있는 정보는 가려진다.

02. 정량평가 시 지각, 조퇴, 결과는 보통 3회당 결석 1회로 계산된다. 미인정 결석은 성실성 판단에 치명적인 영향을 미치고 학생부종합전형 기준 최소 인서울은 사실상 어려워질 수 있다. 체험학습이나 경조사는 인정 결석으로 처리되어 학생부에 따로 기록되지 않는다.

03. 2024학년도부터 수상경력을 대입에 미반영하도록 바뀌어 그 중요성이 크게 줄어들었다. 따라서 교내 대회 참여에 너무 연연하지 않고 학업에 지장이 없도록 주의하는 것이 좋다. 학생부에 입력 시 교내 수상만 입력 가능하고 다른 항목에 우회적 기록은 차단된다.

04. 과거에는 공인 어학 시험 성적 등을 적을 수 있었으나 2011년부터 입력할 수 없게 되었고 현재는 대입에도 반영되지 않는다. 결국 국가기술자격증 등만 입력할 수 있어 특성화고에서 주로 기록된다.

05. 창의적 체험활동상황은 자율활동, 동아리활동, 진로활동, 봉사활동의 4가지로 분류된다.

06. 봉사활동은 교내·외 모두 특기사항을 기재하지 않고, 개인적으로 진행한 실적은 대입에 반영되지 않는다.

07. 창체는 내신 성적과 세특 다음으로 중요하며, 교과 수업과 구분된 별도의 활동 시간으로 다양한 내용을 담아 학생의 호기심과 탐구 역량을 드러낼 수 있다. 또한 연간 단위로 입력되어 긴 호흡의 탐구 활동을 기록하기에 유용하다. 교과 수업과 직접적으로 연관된 탐구 활동을 기록할 수 있는 것은 세특이다.

08. 2022개정 교육과정에서부터는 성적 지표 중 표준편차가 삭제된다.

09. 2022개정 교육과정부터 시행된 내신 5등급제에 따르면, 석차누적비율이 10% 초과 ~ 34% 이하인 학생은 2등급에 해당한다.

10. 수행평가는 교과 수업 중에 진행되는 활동으로서, 세특에 기록하기에 매우 유용한 기회이다.

2장 수능 제도 파악하기				78P
01 ②	02 ①	03 ③	04 ④	05 ③
06 ⑤	07 ②	08 ②	09 ③	10 ②

01. 수능과 6월, 9월 모의평가는 한국교육과정평가원(평가원)에서 출제한다.

02. 고1, 고2를 대상으로 한 학평은 시·도교육청 주관으로 출제 및 시행된다. 또한 고3을 대상으로 한 3월, 5월, 7월, 10월 학평도 마찬가지다.

03. 정부 교육당국(교육부)에서 대입 정책의 틀을 발표하고, 다음 해에 한국대학교육협의회(대교협)에서 대입전형 기본사항을 발표한다. 그다음 해에 각 대학별로 대입전형 시행계획을 발표한다.

04. 문학 과목에서 출제되는 지문은 현대시, 현대소설, 고전시가, 고전소설 등을 모두 포함한다.

05. 수학 영역은 총 30문항으로 구성되며, 2028학년도 이전 수능 기준 선택 과목은 확률과 통계, 미적분, 기하의 3과목이다. 2028학년도부터의 수능은 출제 범위가 축소됨에 따라 미적분에서 다항함수까지만 다루고, 초월함수는 제외될 예정이다. 또한 로그함수와 삼각함수는 '대수' 과목에 해당하는 내용이므로 2028학년도 수능에서도 출제될 예정이다.

06. 한국사는 전근대사와 근현대사의 문제 비중이 약 1:2 정도로 근현대사의 비중이 훨씬 높다.

07. 제2외국어/한문 영역은 절대평가 과목이며, 영어와 한국사는 원점수를 기반으로 등급을 산출하는 절대평가 과목이다. 한국사, 탐구 영역 모두 원점수 기준 50점 만점이며, 한국사는 40점 이상이면 1등급인데 비해 제2외국어/한문 영역은 45점 이상이어야 1등급이다. 탐구 영역은 사회탐구 및 과학탐구 총 17과목에서 최대 2과목까지 선택할 수 있으며, 사탐이나 과탐으로만 선택이 강제되지는 않는다. 또는 직업탐구에서 최대 2과목까지 선택할 수도 있다.

08. 2028학년도 수능부터는 탐구 영역이 사회탐구는 '통합사회', 과학탐구는 '통합과학' 과목으로 단일화되어 출제된다. 직업탐구도 '성공적인 직업생활'로 단일화되어 출제된다. 탐구 영역을 응시할 때 사탐·과탐을 선택하면 사탐과 과탐 영역 모두 시험을 치러야 하며, 문항 수는 20문항에서 25문항으로, 시험 시간은 30분에서 40분으로 증가한다.

09. 표준점수는 영역 또는 과목 간 난이도 차이를 반영하기 위해 원점수에 환산식을 적용해 계산한 점수이다. 같은 시험에서 원점수가 높아지면 표준점수도 함께 높아지며, 시험이 어려우면 같은 원점수라도 표준점수가 높아진다. 영어, 한국사 영역은 원점수에 따라 등급이 부여되는 절대평가 과목이다. 국어, 수학 영역은

0~200점 범위에서 산출된다.

10. 백분위는 표준점수를 기준으로 응시자들의 성적을 나열한 후 자신보다 낮은 점수의 응시자 비율을 보여주는, 응시자들의 상대적 위치를 나타내는 점수이다. 백분위가 96이라는 것은 자신보다 성적이 낮은 학생이 96%라는 뜻이므로 자신은 상위 4%라는 의미이다. 백분위는 동점자 수에 영향을 받기 때문에 만점을 받았더라도 백분위가 100보다 낮게 나올 수 있다.

3장 수시, 알고 보면 패턴이 있다				118P
01 ④	02 ②	03 ④	04 ④	05 ③
06 ⑤	07 ④	08 ②	09 ⑤	10 ④

01. 전체 모집 인원으로 보면 수시의 비중이 정시보다 훨씬 높으며 최근에는 약 80% 가까이 올라가고 있다.

02. '○○위주'라 함은 '○○'이 해당 전형 요소 중 가장 큰 비율로 반영된다는 뜻이다. 따라서 '○○위주' 전형에서 '○○' 외에 다른 전형 요소도 평가에 포함될 수 있다.

03. 학생부종합전형은 학생부 전체를 평가하기 때문에 교과 성적만 반영하지는 않는다. 또한 비교과 활동만 반영하지도 않는다. 교과 전형은 정량적인 평가를, 종합 전형은 정성적인 평가를 주로 한다. 두 전형 모두 면접이 필수는 아니나, 종합 전형에서 면접을 보는 경우가 많다.

04. 일부 대학은 자기 성적을 입력하면 전형 점수를 계산해주는 시스템을 제공하기도 하지만, 모든 대학이 제공하는 것은 아니다. 고려대, 성균관대 등 일부 대학은 교과 전형의 전형요소에 '서류' 또는 '교과 정성평가'라는 항목의 정성평가 요소가 일부 포함되어 있다.

05. 학생부종합전형의 평가 영역은 크게 '학업역량', '진로역량', '공동체역량'의 3가지로 구성된다. 그 외의 영역명은 대학마다 일부 차이를 두고 만들 수 있으나 보편적인 명칭은 아니다.

06. 서류 기반 면접은 제출 서류의 내용을 검증하거나 추가 질문을 통해 평가하며, 제시문 기반 면접은 면접 시 제시문이 주어지고 이에 대한 질문을 중심으로 평가한다. 대부분의 대학·학과에서 실시하는 면접은 서류 기반 면접이다. 최상위권 대학 및 일부 메디컬 계열에서 제시문 기반 면접을 주로 진행한다. MMI는 의학대학 및 일부 메디컬 계열에서 진행되는 강화된 형태의 면접이다.

07. 수능 최저학력기준을 만족하지 못하면 탈락하게 되나, 만족한다고 해서 내신 성적과 무관하게 무조건 합격이 보장되는 것은 아니다. 수능 최저학력기준은 주로 학생부교과전형에 많이 적용되며, 상당수 논술 전형 및 일부 학생부종합전형에도 적용된다. 최저학력기준이 설정된 전형은 실질 경쟁률이 더 낮게 잡힌다. 메디컬 계열은 매우 높은 수능 최저학력기준을 설정한다.

08. 교과 성적을 반영할 때 내신 등급별 점수 급간을 아주 작게 만들면 논술 시험에서의 부분 점수 등으로 상당히 만회할 수 있다.

09. 특목고와 영재고는 내신 점수를 높게 받기 어려워 학생부교과 전형을 선택하기에 불리하며, 일반고에 비해 다양한 교육 프로그램이 구성되어 있어 비교과 영역에서 유리하기 때문에 학생부종합전형을 많이 선택한다.

10. 특성화고 학생들은 인문계 고등학교 학생들에 비해 보통교과의 이수 단위수(학점수)가 더 낮고 이수 교과목 수준도 높지 않은 편이다. 이 때문에 학생부 위주 전형으로 지원할 경우 인문계 고등학교 학생들보다 경쟁력이 떨어진다.

4장 정시, 간단한 룰과 복잡한 눈치싸움				138P
01 ④	02 ⑤	03 ③	04 ④	05 ①
06 ④	07 ②	08 ④	09 ④	10 ③

01. 정시는 보통 수시 일정이 모두 종료된 뒤인 12월 말부터 2월까지 진행된다.

02. 2025학년도 기준 정시에서 수능위주 전형이 차지하는 비율은 91.9%로 절대다수이다.

03. ③번의 내용은 존재하지 않는 규칙이다. 하나의 모집기간군에서는 하나의 원서만 쓸 수 있으며, 같은 군에서 2개 이상의 대학에 지원하면 불합격 처리된다.

04. 2026학년도 정시 기준 성균관대 일반전형 일반계열에서는 학생부를 반영하지 않는다.

05. 정시에서 사용되는 성적 지표는 표준점수, 변환표준점수, 백분위 또는 등급이다. 원점수는 사용되지 않으며 평가원에서 시행하는 모의평가 및 수능의 성적표에도 원점수는 없다.

06. 같은 원점수 기준 표준점수가 높다면 시험이 어려웠다는 의미이며, 낮아졌다면 쉬웠다는 의미이다. 탐구 영역의 모든 과목에서 표준점수는 0~100점 범위로 산출된다. 국어와 수학 영역은 선택 과목에 따라 표준점수가 따로 계산되기 때문에, 선택 과목이 다르면 같은 원점수여도 표준점수가 다를 수 있다.

07. 백분위가 80이라면 자신보다 성적이 낮은 학생들이 80%라는 뜻이며 자신은 상위 20%라는 뜻이다.

08. 변환표준점수는 선택 과목들 사이의 유불리를 해소하기 위해 백분위를 기준으로 별도 환산을 거친 점수이다.

09. 이공계열의 경우 과학탐구가 수학 다음으로 비중이 높아 국어보다 비중이 높은 경우도 있다.

10. 일부 하위권 대학 중에서는 등급을 중심으로 평가하기도 하며, 등급이 내려갈수록 일정한 간격으로 차등 감점이 되는 경우가 많다. 최상위권 대학은 주로 표준점수나 변환표준점수를 활용한다.

5장 고입, 사실은 더 급한 문제 196P

| 01 ③ | 02 ① | 03 ⑤ | 04 ③ | 05 ⑤ |
| 06 ① | 07 ④ | 08 ⑤ | 09 ⑤ | 10 ③ |

01. 매년 3월 말경 각 시·도교육청은 홈페이지에 다음 학년도에 대한 고등학교 입학전형 기본계획을 게시한다.

02. 전기고에는 특목고 중 과학고·예술고·체육고·마이스터고와 특성화고가 해당한다. 영재고는 모집 시기가 훨씬 빠르며 전기고/후기고 구분에 속하지 않는다.

03. 전기고에 합격하면 후기고에 지원할 수 없고, 합격 후 등록을 포기하더라도 후기고에 지원할 수 없다. 전기고에 해당하는 모든 학교 중 한 곳에만 지원할 수 있으며 (이중 지원 금지), 불합격 시 다른 전기고 추가모집에 지원할 수 있다. 마이스터고 불합격 후에는 특성화고에 한해 재지원할 수 있으며, 특성화고 특별전형 불합격 시 일반전형에 재지원할 수 있다.

04. 평준화 지역에서는 우선순위에 따라 여러 학교를 동시에 지원할 수 있다. 또한

전산 추첨으로 배정되며 내신 성적은 고려되지 않는다. 비평준화 지역은 내신 성적을 기준으로 학생을 뽑으며, 한 번에 한 학교만 지원할 수 있다.

05. 서울시교육청에서는 2025학년도부터 일반고 입시에서 석차백분율을 사용하지 않고 자체적으로 계산한 절대평가 방식의 성적을 사용하기로 했다.

06. 외고·국제고는 1단계에서 영어 내신 성적과 출결을 반영한다.

07. 자기소개서에는 영어 등 각종 인증시험 점수, 교과목의 점수·석차, 교내·외 각종 대회 입상실적, 자격증, 영재 교육원 교육 및 수료 여부 등은 기재가 금지되어 있다.

08. 과학고 자기주도학습전형 1단계에서는 별도로 지필고사를 실시하지 않는다.

09. 서울 방식 자사고 자기주도학습전형에서는 학생부 교과학습발달상황을 보지 않는다.

10. 영재학교의 입시 전형은 일반전형을 기준으로 1단계 서류평가, 2단계 지필평가, 3단계 영재캠프로 구성된다.

입시
언박싱

1판 1쇄 발행일	2025년 11월 01일
펴낸이	성영남
펴낸곳	㈜교육다움
글	종로엠스쿨 입시연구소 · 서주한
감수	IDA입시연구소 - 김도균 · 이우종 · 박경진 · 최주영 · 이정희
편집 · 디자인	서미영 · 최다연
등록번호	제2017-000089호
주소	서울시 서초구 신반포로 311 신영빌딩 2층
전화	02-540-4908
팩스	02-546-4977
이메일	edudw@naver.com
홈페이지	www.jongromschool.co.kr
ISBN	979-11-979986-4-5

· 책값은 뒤표지에 표기되어 있습니다.
· 잘못된 책은 구입하신 곳에서 바꿔 드립니다.
· 이 책의 전부 또는 일부 내용을 재사용하려면 반드시 저작권자의 사전 동의를 받아야 합니다.